커피 마실래요?
결혼할래요?

커피 마실래요?
결혼할래요?

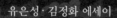

유은성·김정화 에세이

추천사

커피를 볶는 두 사람의 삶에서 늘 고소한 커피 향이 납니다. 무엇보다 하나님 믿는 사람의 향기를 내려고 노력하는 모습이 보입니다. 담임목사로서 그 고소한 향기를 가까이서 맡을 수 있으니 저는 참 행복합니다. 이 향기를 여러분도 맡았으면 좋겠습니다. 그래서 이 책이 기대됩니다. 이 책을 통해 좋은 은혜를 가져가실 것을 생각하니, 그리고 이들의 향기로 인해 하나님께서 환하게 웃으실 수 있다는 생각에 설렙니다. 멋진 사랑의 이야기가 향기가 되어 멀리 퍼져 나가면 좋겠습니다.

만나교회 담임목사 김병삼

참 다양하고 바쁜 삶을 살아가는 부부가 이번엔 책까지 출간했습니다. 가수, 교수, 작곡가, 사업가, 방송인, 배우 등 여러 직업을 가진 부부가 이 많은 일을 그토록 열심히 하는 이유는 바로 하나님과 하나님 나라를 위해서입니다. 이 책은 연애 시절부터 시작하여 살아온 모든 순간을 이야기하듯 풀어냈습니다. 하나님과 하나님 나라를 고백하는 이들의 이야기가 모두에게 닿길 소망합니다. 볼수록 정이 가는 사람들입니다. 이 책을 통해서 더 많은 사람이 이 부부를 좋아하게 되었으면 좋겠습니다.

목사, 에스겔 선교회 대표 김동호

은성 씨는 CBS〈성서학당〉에서, 정화 씨는 CBS〈새롭게 하소서〉에서 만나, 두 사람의 주례까지 맡았던 저는 누구보다 두 사람을 잘 안다고 생각했습니다. 밝고 아름다운 삶의 이면에서 그토록 아픈 상처를 끌어안으며 곱게 성숙해 가는 사람들인 줄은 정말 미처 몰랐습니다. 이들의 잔잔한 삶의 고백은 강렬한 각각의 씨줄과 날줄이 만나 잘 짜인 한 폭의 비단 같습니다. 어느 구석 하나 빈틈을 찾아볼 수 없는 잘 직조된 조각보 같습니다. 이 책을 한 번 손에 잡으면 결코 놓을 수 없습니다. 무엇보다 감동적인 것은 두 사람의 이야기에는 과장이 없습니다. 적당히 숨기는 것조차 없습니다. 아픈 상처를 적나라하게 다 드러냅니다. 신앙 안에서 극복하고 이겨 내는 정직한 몸부림이 있습니다. 달면서도 쓴, 슬프면서도 기쁜, 죽음 속에서도 다시 사는 영생과 신앙의 역설을 너무도 선명하게 그려 내는 모습은 우리에게 소망을 선물합니다. 두 사람이 만들어 가는 아름다운 가정의 미래가 기대됩니다. 좋은 작품을 읽고 나면 다음 작품을 기대하게 되듯, 이제는 다음의 이야기를 기대해 봅니다.

동숭교회 원로목사 서정오

유은성·김정화 부부는 성경에 나오는 브리스길라·아굴라 부부를 닮았습니다. 커피 사업을 통해 함께 선교와 나눔에 힘쓰는 모습이 바울과 천막을 만들었던 그들의 모습을 닮았고, 한결같이 어디든 함께 다니며 하나님을 전하는 모습도 그들과 닮았습니다. 바쁘고 분주하면 가정에 소홀하기가 쉬울 텐데 이 부부는 절대 그렇지 않습니다. 둘은 서로를 닮았습니다. 아빠는 엄마를 닮아 자상하고, 엄마는 아빠를 닮아 씩씩합니다. 알콩달콩 살아가는 이 부부에게 본받을 점이 너무 많습니다. 온 가족이 함께 예배하며 선교하는 모습은 참으로 아름답기만 합니다. 무엇이든 열심을 다하는 모습이 진실로 충성된 하나님의 일꾼입니다. 젊은 두 분의 사역과 사랑 이야기에 아낌없는 응원을 보냅니다.

포도원교회 담임목사 김문훈

가슴 따뜻해지는 책이 나왔습니다. 28년 지기인 유은성 전도사의 삶의 이야기를 활자로 읽는데 영상으로 보는 듯한 느낌입니다. 책이 저자를 닮아 책을 읽는 내내 마음이 맑아지고 따뜻해집니다. 이 부부의 삶에는 하나님의 사랑이 녹아 있습니다. 한 가정의 인생을 다듬어 가시는 하나님의 은혜가 담겨 있습니다. 하나님께서 정성스럽게 로스팅한 이 부부의 삶을 함께 누리시길 축복합니다.

오륜교회 담임목사 주경훈

블렌딩된 커피처럼 두 사람이 함께 만나 더욱 향기로운 인생이 바로 유은성·김정화입니다. 그들의 삶은 늘 하나님을 향한 뜨거운 사랑, 소외된 이웃과 영혼들에 대한 멈출 수 없는 사랑, 그리고 서로를 향한 변함없는 사랑으로 갓 로스팅된 커피처럼 언제나 그윽한 향기가 배어납니다. 소중한 아우이자 귀한 하나님의 사역자 유은성·김정화 부부의 아름답고 진실된 삶을 축복하고 응원하며, 이 책 한 장 한 장에 녹아 있는 그들의 향기로운 삶의 이야기를 통해 많은 이가 행복해졌으면 좋겠습니다.

울산온양순복음교회 담임목사 안호성

유은성 전도사와 김정화 배우의 결혼 기사가 나왔을 때, 잊을 수 없는 댓글이 있습니다. "이 남자는 전생에 나라를 구했나?" 배우 김정화를 아내로 맞이한 남자가 얼마나 큰 축복을 받았는지 표현한 말이었습니다. 그러나 저는 20년 이상을 지근거리에 벗으로 지낸 사람으로 이 댓글에 대댓글을 달고 싶었습니다. "유은성 전도사는 전생에 나라를 구한 게 아니라 먼저 그의 나라와 의를 구하는 삶을 살았어요!" 두 사람이 예수님의 사랑으로 블렌딩되어 짙은 그리스도의 향기를 전하며 살아갑니다. 앞으로의 여정 속에서 만나게 될 많은 이에게도 이 부부의 삶이 하늘 향기로 기억될 것을 기대하며 응원합니다.

프렌즈교회 담임목사, CCM 가수 박요한

화려한 조명 아래 있지만, 조명이 꺼져도 여전히 소박하게 빛나는 이들. 나는 그들이 바로 유은성·김정화 부부라 믿는다. 사람과 사람이 만나는 것은 세계와 또 다른 세계가 만나는 것과 같다. 나는 두 사람의 시작을 지켜본 사람으로서, 서로 다른 두 개의 작은 세계가 만나 거대한 세계로 확장되어 가는 과정을 만끽하고 있다. 그 커피 향 가득한 세상 안에 아파하는 이, 배고파하는 이들이 깃들게 되는 착한 기적을 말이다. '은성하다'라는 단어가 있다. 번화하고 풍성하다는 뜻이다. 은성이가 은성하기를. 부디 아프지 말고. 유은성(星)이란 별에 핀, 김정화(花)라는 향기로운 꽃을 잘 가꾸고 돌보며 오래 행복하기를.

목사, CCM 가수, 대신대학교 교수 민호기

"내가 주러 간 줄 알았는데, 사실은 내가 가득 받고 돌아왔다." 정화 씨가 결연 아동 아그네스를 만나러 우간다에 다녀와 한 말이 마음에 남습니다. 어쩌면 '나눔'은 먼 데 있는 것이 아닌지 모릅니다. 내 일상을 다른 이들과 공유하고 마음을 나누고 기도가 필요한 이를 위해 기도해 주는 것. 이것이 바로 나눔이며, 풍미가 좋은 커피처럼 삶이 향기로워지는 비결이 아닌가 싶습니다. 이 책은 그동안 배우 김정화, 찬양 사역자 유은성이라는 이름으로는 알지 못했던 삶의 깊숙한 순간을 내보이고 있습니다. 이제 유명인이 아닌, 누구나 삶 속에서 마주하는 매일과 하나님 앞에서 재발견하는 믿음의 고백을 만나게 될 것입니다. 이 책을 통해 여러분도 각자 삶의 이야기를 다른 누군가에게 나누어 줄 수 있게 되기를 기대합니다.

기아대책 회장 유원식

유은성·김정화 부부는 맑고 순수합니다. 화려함 뒤편에 있는 고통, 슬픔, 좌절, 낙심이 이들에게는 없습니다. 오직 하나님 안에서 살기 위해 모든 것을 던지는 아름다운 몸부림만 있습니다. 이 부부는 고독 속에서, 고통 속에서, 외로움 속에서, 깨진 관계 속에서, 지금의 병마의 상황 속에서 자신들이 살아갈 수 있는 것은 영원토록 함께 계시는 하나님, 그리고 늘 한결같이 사랑해 주는 사람들이 있기 때문이라고 말합니다. 이제는 이 책이 세상을 잇는 징검다리가 되기를 소망합니다. 하나님과 동행하는 부부의 시선과 가치관이 여러분의 모습이 되기를 소망합니다. 이 책을 통해 젊은 세대들에게 바른 가치관, 결혼관, 자녀관이 전해졌으면 하는 바람이 있습니다. 저도 여러분도 이 책으로 모든 것을 하나님께 던질 수 있는 힘을 찾았으면 좋겠습니다.

월드베스트프랜드 대표 차보용

사랑하는 유은성·김정화 부부의 시작을 지켜보았습니다. 아름다운 두 사람의 만남이 결실을 맺는 과정을 가까이에서 지켜보면서 얼마나 감격스러웠는지 모릅니다. 제가 느꼈던 기쁨을 이 책을 통해 많은 사람이 느낄 것을 생각하니 기대가 됩니다. '로스팅'부터 '테이크아웃'까지, 참 재미있게 책을 엮은 센스가 두 사람다워 미소가 나옵니다. 읽는 내내 커피 향의 진한 풍미를 경험했습니다. 커피 한 잔과 함께 이들의 러브스토리에 스며드는 향기로운 시간 되시기 바랍니다.

목사, 조이코리아 대표 맹승주

처음에 유은성 전도사님을 만나면서 도대체 무슨 매력이 있길래 우리 정화 씨가 푹 빠졌나 했는데, 옛말로 볼수록 매력 있는 '볼매'다. 드립 커피 같은 깊은 향과 부드러운 우유 거품 가득한 라테의 다정함까지 다 가지고 있는 멋진 사나이다. 또 정화 씨는 어떤가. 보기만 해도 시원한 아이스 아메리카노처럼 미소가 지어지고 유쾌하다. 이 책을 읽으니 이 부부의 향기가 쫙 퍼진다. 어떡할 거야! 유은성·김정화 부부에게 중독되는 거! 책 속에 빠져 헤어 나오지 못하겠다. 이 그윽한 삶의 향기! 단맛, 쓴맛, 신맛의 맛있는 인생의 커피를 골고루 먹고 나니 마음이 풍성해진다. 여기에 예수님의 향기까지 더해진 커피 맛을 뭐라고 설명해야 할까. 그냥 이 부부의 향기에 모두 취해 보세요!

방송인 이성미

원두가 로스팅 기계에 들어가면 낮잠을 청하려 했습니다. 그러나 이 부부가 로스팅되어 가는 과정이 너무 흥미로워 몰입하느라 이야기를 지켜볼 수밖에 없었습니다. 이 책을 읽어 내려가는 동안 우리 부부의 연애 시절이 생각나 계속 미소가 지어졌습니다. 이 부부를 통해 하나님의 사랑과 신실하심을 느낄 수 있었고, 앞으로 이 가정을 통해 이뤄 내실 언약들을 기대합니다. 사랑하는 사람과 함께 보고 싶은 책입니다.

배우 정태우·장인희 부부

삶이 사역이 되는 절절한 이야기를 통해 우리 부부는 과연 얼마나 사역하고 있는가 돌아봅니다. 섬김과 나눔의 중독이 얼마나 달콤한지를 알게 하는 이 책이 커피의 풍미처럼 더 널리 여러분께 날아가 닿기를 소망합니다.

가수 박지헌

2000년 무렵, 한 젊은 친구가 방송국 사무실에 음반 홍보를 위해 CD와 박카스를 자리에 놓고 잘 부탁한다는 인사를 건넸습니다. 어느 가수를 홍보하는 매니저라고 생각했던 그 친구가 바로 유은성이었습니다. 우리의 소중한 만남은 그렇게 시작되었습니다. 이제는 '박카스맨' 에피소드를 웃으며 이야기하는 형과 아우가 되었지만 그는 한결같은 어린 왕자입니다. "우리가 사는 세상엔 소외된 자들이 너무 많아요"로 시작하는 그의 노래 '소중한 너를 위해'처럼 유은성·김정화 부부는 세상의 소외된 사람들을 사랑으로 돕다가 서로의 소중한 사랑이 되었습니다. 아프리카의 많은 아이를 사랑으로 품고, 그곳의 커피로 우리의 마음을 따뜻하게 품어 준 유은성, 김정화 부부의 커피 향 짙은 사랑과 위로의 이야기, 함께 들어 보실래요?

CBS PD 김세광

CCM 가수 데뷔 시절 정말 어린 왕자처럼 순수하고 열정 가득했던 유은성 전도사님의 모습이 잊혀지지 않습니다. 20여 년이 지난 지금도 그는 그대로인 것 같습니다. 아름다운 신부를 만나 결혼하고 믿음의 가정을 이루며, 많은 사역의 열매를 이루기까지 그의 삶 속에 녹아든 하나님을 향한 사랑과 열정은 더 깊은 향이 되어 곳곳에 퍼지고 있습니다. 이 책을 통해 많은 이가 그 아름다운 향을 꼭 느끼길 원합니다. 라테 같은 두 부부의 진솔한 삶과 신앙 이야기, 매일 마시는 커피 한 잔의 행복처럼 여러분의 마음에 따뜻한 위로와 행복을 안겨 줄 것입니다.

극동방송 PD 최혜심

하루는 유은성 전도사가 배우 김정화 씨와 연애 중이라며 결혼 전에 소개해 주고 싶다고 했다. 방배동 어느 작은 교회에서 두 사람을 만났다. 참 잘 어울리는 커플이라는 생각이 먼저 들었지만 또한 걱정도 되었다. 인기 여배우와 찬양 사역자의 만남이 쉬울 거라 여겨지지 않았다. 몇 번의 프로그램과 개인적인 만남을 통해 정화 씨를 만나면서 그런 걱정은 기우임을 알게 되었다. 정화 씨는 환경이나 직업이나 사람이 아닌 하나님을 의지하는 주도적인 사람이었다. 두 사람 사이에 항상 하나님이 계심을 본다. 연애 중에서도, 가정 속에서도, 어려운 병마 속에서도 늘 하나님을 먼저 찾고 의지한다. 그들의 그런 마음은 신앙의 유산으로 자녀들인 유화와 별에게 고스란히 전해지고 있다. 먼저 그 나라와 그 의를 구하면 풍족히 채워 주신다는 진리를 이들의 삶을 통해 만나 보자.

CBS PD 맹재열

CTS 대표 프로그램 〈내가 매일 기쁘게〉를 제작하면서 고난의 끝을 통과한 후 "돌아보니 하나님의 은혜였다"라고 고백하는 많은 분의 간증을 들었습니다. 하지만 유은성·김정화 부부는 뇌종양으로 지금 당장 어떻게 돼도 이상하지 않을 지금의 순간이 감사하다고 고백합니다. 예수 그리스도의 십자가를 드러낼 수 있음이 기뻐 오히려 이 아픔을 자랑한다고 당당히 외치는 모습에서 고난의 한가운데를 지나는 것도 은혜가 됨을 배웠습니다. 이 책을 통해 "내 모든 삶 당신의 삶 되기를"이라는 유은성 전도사님 찬양의 가사가 우리 모두의 고백이 되기를 소망합니다.

CTS기독교TV 제작팀장 이제선

추천사

Contents

Intro.

로스팅 Roasting

모든 것의 시작

에스프레소 Espresso

쓰고 짙었던 시절,
그러나 모든 것의 기본이 되어 주는 과거의 날

캐러멜 마키아토 Caramel Macchiato

우유 거품처럼 포근하고,
캐러멜처럼 달콤한 사랑

아메리카노 Americano

물과 에스프레소가 만나 펼쳐지는
선물과 같은 향미

아인슈페너 Einspänner

추위를 이기고자 마시던 커피,
부모가 되기 위해서는 힘이 필요하다

아포가토 Affogato

첫입은 쓰다 하지만
달고 시원한 아이스크림이 기다리고 있다

Outro.
테이크아웃 Take Out

당신의 삶에 커피 향보다 진한
숭고한 하나님의 은혜가 머물길 바랍니다

Intro.

로스팅 *Roasting*

모든 것의 시작

로스팅Roasting은 커피 생두Green Bean 에 열을 가하여 볶는 것으로, 커피 특유의 맛과 향을 생성하는 공정을 말한다. 1,000가지가 넘는 물질로 구성된 생두는 보통 220-230°C 의 온도에서 10분 정도 볶는 로스팅 과정을 거쳐 700-850가지의 향미를 내는 원두Coffee Bean가 된다. 목적에 따라 여러 공정으로 로스팅된 원두들은 바리스타의 손에 의해 다양한 맛과 향기를 가진 커피로 만들어진다.

—

사람도 마찬가지다. 하나님의 뜨거운 사랑을 통해 각각의 목적에 맞는 모양으로 로스팅된다. 하나님의 자녀들은 각기 저마다 은혜의 로스팅을 경험하며 제 모습을 만들어 간다. 이제 하나님의 뜨거운 사랑으로 변화되었던 우리의 이야기를 시작해 보고자 한다.

"은성아, 너와 정화가 서로를 진심으로 아끼고 사랑하는 것처럼, 내가 그렇게 널 사랑해."

"내가 그렇게 널 사랑해"

유은성

정화 씨와 연애를 하던 시절의 이야기다. 모두 예상하다시피 유명 배우와 자유롭게 연애하기란 쉽지 않았다. 그중 가장 큰 어려움은 우리의 만남을 철저히 비밀에 부쳐야만 했던 것이다. 지금이야 당당하게 공개 연애를 하는 연예인들이 많지만, 당시에는 연예인이 공개 연애를 하는 것은 상상할 수도 없는 일이었다. 더욱이 대중이 잘 알지도 못하는 CCM 가수인 나와 정화 씨의 연애 사실이 밝혀지기라도 하면 20대의 정화 씨에게는 회복하기 어려운 큰 피해가 갈 수 있는 상황이었다.

우리는 마치 첩보 요원이 된 것처럼 그 누구에게도 들키지 않게 조심조심 데이트를 해야만 했다. 우리의 행선지는 매번 정해져 있었다. 모자를 꾹 눌러쓰고 사람이 없는 카페에 가기, 한강이 보이는 곳에 차를 세워 두고 커피나 포장해 온 음식 먹기, 영화표를 따로 끊고, 각자 은밀하게 상영관에 들어가서 슬그머니 옆자리에서 만나기. 이것이 다였다. 사실 이러한 데이트마저도 잠시였다. 서로 바쁜 일정 탓에 보통 늦은 오후에 2-3시간 정도 잠깐 얼굴을 보는 것으로 만족해야 했다. 정화 씨와 보내는 그 순간이 정말 행복했지만, 우리의 사이가 점점 더 가까워질수록 오래 함께하고 싶은 욕심이 생기기 시작했다. 보통의 사람들처럼 편안하게 좋은 곳도 가고, 하루 종일 붙어 있는 그런 데이트가 너무 하고 싶었다.

어느 날, 나는 한참을 고민하다 정화 씨에게 하루 종일 데이트를 하는 날이 있었으면 좋겠다고 조심히 마음을 표현했다. 사실 정화 씨에게는 많은 위험을 감수해야 하는 어려운 부탁이었다. 그걸 알면서도 나는 욕심을 부려 혹시 가능한 날이 있는지 물어보았다. 떨리는 마음으로 정화 씨의 대답을 기다리는데, 잠시 생각을 하던 정화 씨가 씩 웃더니 자신도 사실 바랐다며 일정이 없는 날을 찾아보겠다고 흔쾌히 대답해 주었다. 나는 그때부터 그날만을 손꼽아 기다렸다.

처음으로 우리가 하루 종일 데이트를 하는 날, 나는 새벽같이 일어나 정화 씨를 만나러 갔다. 그날따라 정화 씨도 어딘가 비장해 보였다. 그런 모습도 내 눈에는 마냥 예쁘기만 했다. 우리는 먼저 영화관으로 갔다. 평소처럼 각자 영화표를 예매하고, 따로 극장에 들어가기로 했다. 차에서 내려 영화관으로 가려는데, 갑자기 정화 씨가 결의에 찬 표정으로 모자를 푹 눌러쓰더니 내 옆으로 성큼 걸어왔다. 내 손을 덥석 잡고 영화관을 향해 앞장서기 시작했다. 누가 보면 어쩌지 싶었지만 에라 모르겠다 싶어 나도 신나는 마음으로 손을 꼭 잡고 걸어갔다. 우리는 그날 하루만큼은 주위 시선과 걱정을 날려 버리고 자유롭게 돌아다녔다. 당당하게 야외에서 함께 산책도 하고, 카페에 앉아 커피도 마시고, 식당에 가서 밥도 먹었다. 하루가 왜 이렇게 짧은 건지, 새벽같이 만났는데도 정신을 차려 보니 어느새 해가 뉘엿뉘엿 지고 있었다. 다음 날 정화 씨는 촬영이 있어 이제는 집에 돌아가야 할 시간이었다. 이렇게나 오래 함께 있었음에도 너무 아쉬웠다. 짧은 행복을 뒤로하고 정화 씨의 집 앞에서 우리는 다음을 기약했다. 그토록 바라던 온종일 데이트를 마치고 집으로 돌아가는 길, 그래도 아쉬웠던 우리는 전화로 서로의 아쉬운 마음을 달랬다.

당시 구리에 살았던 정화 씨네 집에서부터 인천 우리 집까지 돌아가는 동안, 그리고 집에 도착해서도 우리는 대화를 나눴다. 무엇이 그리 즐겁고 재밌었는지, 잠시 씻는 동안에만 전화를 끊고, 재빠르게 씻고 나와 다시 전화를 이어 갔다. 한참을 이야기하고 있는데, 갑자기 정화 씨에게서 아무 대답이 없었다.

　　"여보세요? 정화 씨! 정화 씨! 자요?"

　　너무 피곤한 나머지 잠이 든 것이다. 얼마나 피곤했으면 전화를 하다 잠이 들었을까. 시계를 보니 새벽 1시였다. 아침 댓바람부터 만나 함께 보낸 시간을 계산해 보니 16시간이었다. 그동안 3-4시간 정도 시간을 보내던 우리가 이렇게 오래 함께하다니, 정말 감사한 일이었다. 그런데 그때의 나는 감사는커녕 잠이 들어 대화가 끊긴 핸드폰을 바라보며 "서운하네, 아쉬운데"라는 말을 내뱉었다. 그렇게 오랜 시간을 함께할 수 있었음에도 서운한 감정이 마구 밀려와 '어떻게 전화하다 잠들 수 있지?', '더 이야기하고 싶은데', '많이 보지도 못하는데, 전화라도 하고 싶은데' 하는 생각이 먼저 든 것이다. 서운한 감정에 사로잡힐 때쯤 갑자기 한 마음이 내 안에 들어왔다.

"은성아, 내가 그렇게 널 사랑해. 네가 지금 정화와 함께하지 못해 아쉬워하는 것처럼, 너와 정화가 서로를 진심으로 아끼고 사랑하는 것처럼, 내가 너를 그렇게 사랑해."

하나님의 마음이 갑자기 나를 휩쌌다. 순간 울컥하며 눈물이 핑 돌았다. 잠시 눈을 감고 나의 마음을 되짚어 보기 시작했다. 그러자 하나님의 마음이 어떤 마음인지, 얼마나 큰 사랑인지 점차 느껴졌다. 울음이 터졌다. '이게 하나님의 마음이구나. 처음으로 오랜 시간을 함께했음에도 헤어짐이 아쉽게 느껴지고, 전화를 하다 피곤해 잠든 정화 씨에게 서운함을 느낄 정도로 사랑하는 이 마음보다 더 하나님이 나를 사랑하시구나.' 나는 하나님의 사랑을 이렇게 덜컥 알아 버렸다. '하나님 아버지의 마음'이라는 찬양을 수천 번 수만 번 불렀던 내가 그제서야 하나님의 마음이 무엇인지 진정으로 깨닫게 되었다. 정화 씨와의 하루를 통해서 하나님은 그 마음을 나에게 알려 주셨다. 내가 무수히 불렀던 찬양의 진짜 의미를 그날 밤 알게 되었다. 이렇게 뜨거운 사랑이 하나님의 마음이었다.

하나님은 정화 씨를 통해 나를 더욱 뜨겁게 만나 주시기 시작했다. 이것이 유은성과 김정화라는 원두가 만나 새로운 향과 맛을 지닌 원두로 블렌딩이 되어 가는 첫 시작이었다.

여담으로, 나는 그날 밤 바로 내가 받은 은혜를 간직하고자 노래 한 곡을 작곡했는데, 그 곡이 바로 '오늘 그대에게 하고픈 말'이라는 노래다. 이후에 나는 이 노래로 정화 씨에게 프러포즈를 하며 우리의 블렌딩의 시작을 기념했다.

'오늘 그대에게 하고픈 말'을 작곡하던 순간

01.

에스프레소 *Espresso*

쓰고 짙었던 시절,
그러나 모든 것의 기본이 되어 주는
과거의 날

에스프레소Espresso는 곱게 갈아 압축한 원두에 뜨거운 물을 고압으로 통과시켜 뽑아낸 커피를 말한다. 높은 압력으로 짧은 순간에 커피를 추출하여 커피의 순수한 맛을 느낄 수 있다. 강한 쓴맛으로 시작하여 신맛, 단맛을 선사하는 에스프레소는 커피 본연의 맛을 담고 있어 그 자체로도 좋은 음료이자, 모든 커피 음료의 기본이 되어 준다.

———

때때로 우리는 고통스러운 시절을 마주한다. 마치 에스프레소처럼 쓰고 짙게만 느껴지는 때다. 쓴맛이 지나가면 곧이어 달콤한 순간이 찾아온다. 그러나 쓴맛을 느끼는 동안에는 달콤한 날들이 당최 오지 않을 것만 같다. 하지만 분명한 건 지금의 우리가 있기 위해서는 에스프레소와 같은 순간이 반드시 필요하다는 것이다. 지금은 깊은 잔향으로 남았지만, 지독하게 쓰게만 느껴지던 우리의 시절, 모든 것의 시작이 되어 주는 과거의 날에 대해 이야기해 보고자 한다.

그렇게 나는 모든 활동을 중단하고 모두의 눈에서 잠시 사라지기로 결심했다.

내가 행복해 보였나요?

김정화

명동 길거리에서 캐스팅 되어 잡지 모델이 된 17세 고등학생, 연이어 2000년대 스타들의 등용문이었던 가수 이승환의 뮤직비디오 주인공으로 뜨거운 주목을 받으며 연예계 등장, 시트콤 〈뉴 논스톱〉 출연으로 청춘 스타로 순식간에 자리매김한 성공한 배우. 부끄럽게도 내 이름 앞에 놓였던 수식어들이다. 누가 보아도 탄탄대로에 행복만 가득할 것 같은 삶의 모습이지만 아쉽게도 그때의 나는 행복이 무엇인지 몰랐다. 아니 행복이라는 것이 내 삶에 존재하지 않았다. 누가 보면 배가 불러서 그런 생각을 했다고 할지도 모르겠다. 그렇지만 내 어린 시절은 언제나 행복보다는 늘 불행 쪽에 붙어 있었다.

이북에서 내려와 가정을 이룬 유교적이고 가부장적인 친할아버지와 매일 엄마를 모질게 구박하는 친할머니, 그리고 귀한 삼대독자 아빠와 시부모 봉양뿐 아니라, 집안일과 온갖 제사까지 홀로 감당하는 며느리 엄마, 마지막으로 나와 언니. 어린 시절을 떠올릴 때 가장 먼저 떠오르는 장면은 모질게 엄마를 구박하는 할머니와 힘들어 지쳐 있는 엄마의 모습이다. 더욱이 홀로 하나님을 믿고 신앙생활을 하던 엄마는 가족들에게 더욱 모진 대우를 받았다.

"태초에 하나님이 천지를 창조하시니라"(창 1:1).

엄마를 하나님 곁으로 인도한 성경 구절이다. 어린 시절부터 '이 아름다운 계절과 꽃은 도대체 누가 만든 것일까?' 궁금해하던 엄마는 우연히 창세기 1장 1절의 말씀을 읽고 바로 그 자리에서 그냥 하나님이 믿어졌다고 했다. 그렇게 하나님을 당연하게 믿었던 엄마는 모진 상황 속에서도 나와 언니를 주일마다 교회에 데리고 가 우리 자매에게 신앙을 물려주고자 했고, 자신이 수없이 만들던 제사 음식도 우리는 절대 먹지 못하게 했다. 그렇게 하나님을 신실하게 믿으며 의지하던 엄마였음에도 왜인지 우리 집엔 언제나 불화만이 가득했다.

고등학생이 된 어느 날, 명동 길거리를 거닐다 한 잡지의 담당자라는 사람이 나에게 모델을 해 볼 생각이 없냐며 말을 걸어왔다. 소위 말하는 길거리 캐스팅이었다. 놀란 나는 일단 명함을 받아 들고 엄마에게 보여 주었다. 잡지 촬영이 무엇일지 궁금해하며 관심을 보이자, 엄마는 그냥 사진을 찍는 것이니, 경험 삼아 편하게 해 보고 오라고 말했다. 그렇게 나는 잡지 담당자에게 해 보고 싶다고 연락을 했고, 연락을 하고부터는 빠르게 진행이 됐다. 처음 보는 사람들과 콘셉트에 대해 이야기하고, 낯선 장비들 앞에 서서 포즈를 취해 가며 사진을 찍었다. 그 순간부터 잡지가 발간되는 날까지만큼은 집안의 어지러움을 잠시 잊을 수 있었다. 잡

에스프레소 Espresso

어린 시절, 그리고 데뷔 때

지가 발간되고 나자 나의 세상이 변하기 시작했다. 잡지를 우연히 본 가수 이승환 씨가 〈그대가 그대를〉 뮤직비디오 주인공으로 나를 캐스팅한 것이다. 가수 이승환의 뮤직비디오는 당시 스타의 등용문이었다. 신민아, 김현주, 박신혜 등의 배우들도 가수 이승환의 뮤직비디오를 통해 활동을 시작했다. 이 좋은 기회를 거절할 이유가 없었다. 뮤직비디오 이후 나는 이승환 씨가 운영하는 소속사 드림팩토리의 1호 배우로 계약을 하며 본격적인 연예계 생활을 시작했다. 뮤직비디오를 통해 얼굴을 알리자, 드라마 출연 섭외가 들어왔다. 바로 한국 시트콤 중 역대 가장 높은 시청률을 기록한 〈뉴 논스톱〉이었다. 〈뉴 논스톱〉에 합류하면서부터 수많은 광고에서 나를 부르기 시작했다. 노트북, 아이스크림, 화장품, 금융 등 분야를 가리지 않고 17개 정도의 광고를 찍었다. 모든 것이 순식간에 벌어진 일이었다. TV와 포스터, 길거리에 내 얼굴이 나오기 시작했다. 아무것도 모르던 고등학생이 한순간에 유명인이 되어 버렸다. 이 모든 것이 고등학생 김정화가 1년 만에 이뤄 낸 성과였다. 하지만 그 바쁜 순간 속에서 내가 조금씩 무너지고 있다는 걸 아는 사람은 아무도 없었다.

엄마가 사라졌다. 불과 데뷔한 지 얼마 지나지 않아서였다. 엄마가 나와 언니를 두고 아무 말도 없이 집을 나갔다. 사실 처음에는 바쁜 일정에 정신도 없었고, 그냥 엄마가 잠시 어디 갔나 보다 생각했다. 하지만 엄마는 돌아오지 않았다. 나와 언니에게는 엄마의 연락처도, 연락할 수단도 없어서 그저 엄마를 오매불망 기다릴 수밖에 없었다. 아무리 기다려도 엄마는 돌아오지 않았다. 엄마가 우리를 버렸다고 느껴졌다. 엄마에게 버림받았다는 감정에서 벗어나기 위해서는 바쁘게 생활해야만 했다. 아무 일도 없었던 척 이 모든 순간이 지나가기만을 바랐다. 그 누구에게라도 나의 상황을 털어놓고 싶었지만, 나에게 그런 존재는 없었다. 부모의 이혼이 흉이 되던 시대였다. 가파르게 인기가 오르고 있는 연예인의 가족 불화는 나를 할퀴기 좋은 소재였다. 방심하면 질타를 쏟아 낼 준비를 하고 있는 그런 시대였다. 학교에서는 친구들이 어느새 함께 놀던 친구 김정화가 아닌 연예인 김정화로 대하기 시작했다. 사람들과 대화를 하는 일이 어려워졌다. 마음을 나눌 사람이 없으니 점차 사람에 대한 기대를 멈춘 채 마음의 빗장을 굳게 걸어 놓기 시작했다.

그때는 그 누구도 나의 상황과 내면에 관심이 없다고 생각하며 살았다. 그때 내가 조금이라도 의지할 수 있었던 것은 나를 버린 엄마가 남겨 준 한 가지, 하나님뿐이었다. 사실 의지한 것도 아니었다. 모든 불평과 불만, 힘듦을 기도라는 이름으로 하나님께 쏟아 냈다. 하루에 2시간도 채 자지 못하는 생활, 며칠에 한 번 집에 들어가는 바쁜 일정에 교회에 나가 예배할 시간도 없었다. 잠깐 기도하는 것이 나에게는 믿음 생활의 전부였다.

"왜 나를 연예인이 되게 만드셨어요? 누가 연예인 되고 싶다고 했어요? 내가 왜 이런 괴로운 시간을 견뎌야 해요? 그냥 모든 걸 그만두고 싶어요. 언제까지 내 힘든 상황을 보기만 하실 거예요?"

이것이 내 기도의 주된 내용이었다. 그 어떤 기도도 나오지 않았다. 그냥 힘들었다. 그게 다였다. 그런 나에게 하나님은 어떤 응답도 하지 않으셨다. 온 세상이 있는 힘껏 나를 힘들게 하려고 밀어붙이는 것만 같았다. 엄마도 나를 버렸고, 친구들도 나에게서 멀어지더니 결국 하나님도 나를 버리셨다고 생각했다. 정말로 혼자가 되어 버렸다. 사랑하는 사람들에게 버려지는 것에 익숙해지기로 다짐했다. 모든 것이 내가 감당해야 할 일이니 혼자서 버티면 되겠다고 생각했다. 그때부터 무력감과 우울이 나를 찾아왔다. 참 오랜 시간을 우울과 함께했다. 나의 유일한 친구는 일기였다. 어디에다 말하지 못하는 나의 속마음을 일기에 솔직하게 적으며 하루하루를 버텼다.

내일 눈이 안 떠졌으면.

제발 모든 게 다 끝났으면 좋겠다.

차라리 죽어 버린다면 모든 것이 끝날까.

　　일기의 내용은 매일 비슷했다. 하필이면 매번 씩씩하고 밝은 배역만 맡았던 나는 사람들 앞에서는 활기차게 웃어야만 했다. 겉으로는 배역과 비슷하게 행동하고, 홀로 있을 때는 한없이 깊은 우울로 빠져들었다. 마치 김정화라는 사람을 연기하는 듯했다. 내 삶이 연기였다. 그때 당시를 함께 보냈던 사람들에게 지금 이 이야기를 하면 모두가 깜짝 놀란다. 그 정도로 감쪽같이 사람들에게 내면을 보여 주지 않았다. 굳게 걸어 잠근 마음의 빗장을 그 누구에게도 보여 주지 않았다. 이 세상에서 혼자 살아가는 나를 지키기 위한, 너무도 슬픈 나만의 방법이었다.

촬영이 늦게 끝난 어느 날, 잠시 잠을 잘 여유가 있어, 매니저 언니와 우리 집으로 갔다. 씻기 전 잠깐 소파에 가만히 앉아 있는데, 언니가 나를 보고 다급하게 달려와 무슨 일이 있는 거냐고 채근했다. 나는 놀라 무슨 소리를 하는 거냐며 물었는데, 언니는 내가 당장이라도 큰일을 낼 것만 같은 슬픈 얼굴을 하고 있다고 말했다. 나는 그 이야기를 듣고 무서워졌다. 걸어 잠근 나의 슬픔이 이제는 차고 넘쳐 새어 나오고 있었다. 도저히 숨길 수도 없을 만큼의 절망과 슬픔에 잠식되고 있었다. 이러다간 정말 안 좋은 선택을 할 수도 있겠다는 생각이 들었다.

'나는 나를 지켜야 하는데, 나만이 나를 지킬 수 있는데, 나마저도 나를 지키지 못하면 불쌍한 나는 어떻게 되는 것일까.'

잠시 모든 것을 멈춰야겠다는 마음이 내 안에서 강하게 일었다. 연기를 배워 본 적도 없어 나를 소진시키며 연기를 하는 것도 지쳤다. 더 이상은 그런 연기를 하고 싶지 않았다. 이제는 정말 꺼낼 것조차 없어진 상태였다. 나를 움직이게 하는 모든 힘이 고갈된 것 같은 느낌이었다. 그래도 살아야 하니까. 내가 살기 위해서는 조금씩 나를 비우고 다시 나를 채워야만 내가 다시 살 수 있을 것 같았다. 그렇게 나는 모든 활동을 중단하고 모두의 눈에서 잠시 사라지기로 결심했다.

무너짐도 잠시였다. 하나님이 그 길도 나를 위해 인도해 주셨음을 알기까지는 오랜 시간이 걸리지 않았다.

개척교회집 막내아들 유은성

유은성

한국 CCM계의 어린 왕자, 데뷔 24년 차의 찬양 사역자, 대학교 실용음악과 교수, ㈜알리스타 커피 이사, 현실판 '미녀와 야수' 커플이라는 수식어 속에서의 야수, 그리고 현재는 배우 김정화의 뇌종양 투병 중인 남편. 이것이 나의 수식어다. 여러 해가 빠르게 지나 어느새 데뷔 24년이 되었다. 최근 나의 투병 소식을 알리기 전까지는 내가 승승장구했다고 생각하는 사람이 많았다. 마치 얼마 전 방영했던 드라마 〈재벌집 막내아들〉 속 송중기 배우가 맡은 윤현우처럼 성공의 방법을 미리 알고 그 방향을 향해 달려온 것처럼 보는 것도 같다. 하지만 현실은 그렇지 않았다. 나는 재벌집 막내아들이 아닌, 개척교회집 막내아들 출신이다.

아버지는 1980년대 초까지 국가 정보부 해양 첩보부대에서 일을 하시며, 북파공작원을 보내는 일도 하셨다. 그러던 어느 날 어머니의 오래된 기도의 성취로 하나님을 인격적으로 만나게 되시고는 하나님 나라의 정보부가 되어야겠다는 결단을 하셨다. 곧바로 신학대학원에 입학하신 아버지는 졸업도 하기 전에 인천 가좌동에 교회를 개척하셨다. 당시 내가 일곱 살 정도 되었던 것으로 기억한다. 누나 두 명과 나는 어느 순간 가난한 개척교회 담임목사의 자녀들이 되었다.

감사하게도 아버지가 개척하신 교회는 얼마 되지 않아 성장하기 시작했다. 개척교회 목회자 자녀들은 공감할 것이다. 개척교회의 일꾼은 누구인가? 그렇다. 자녀들이 일꾼이다. 반주자가 필요해지자 부모님은 급박하게 첫째 누나를 피아노 학원에 보내셨다. 하필 또 누나에게는 천부적인 재능이 있어 두 달 만에 찬송가 반주는 무리 없이 칠 수 있는 실력이 되었다. 누나 덕분에 나는 그때부터 함께 피아노를 배우며 음악을 접했다. 내가 청소년이 되었을 때는 제법 동네 청소년들이 모이는 규모로 교회가 커졌다. 그때 나는 찬양팀을 꾸려 아이들을 모았다. 그곳에서 베이스 기타를 배우기 시작했고, 어깨너머로 여러 악기를 배우기 시작했다. 자연스럽게 악기와 찬양을 접하면서 음악을 잘하고 싶은 열정이 커져 갔다. 고등학생이 되어서는 화성학 책을 사서 혼자서 공부했다. 화성학을 알게 되니 혼자서 작곡을 해 보았는데, 그게 그렇게 재밌을 수가 없었다. 음악이 어느새 나의 인생의 전부가 되었고, 자연스럽게 작곡가까지 꿈꾸게 되었다.

자랑은 아니지만, 사실 고등학교 2학년 때 나는 인천 지역에서 음악을 잘하는 애로 조금 이름이 났었다. 고등학교

고등부 수련회에서 기타를 치던 모습

개구쟁이 시절, 철부지 중학생인 때가 있었다

동아리 연합회(실로암)에서 베이스 기타를 연주하였고, 교회에서는 찬양팀으로, 그리고 인천 지역 교회 연합회 베이시스트로 활동하다 보니 "광성교회 베이스" 하면 알아보는 친구들이 꽤 많았다.

그쯤 교회에 서울대학교 작곡과 교수님이 특강하러 오셨다가 나에게 몇 가지 음악적 테스트를 하셨다. 이어 나에게 재능이 있다며 본인에게 꼭 작곡 레슨을 받아 음대 작곡과에 보내라고 부모님께 말씀하셨다. 그로부터 며칠 후, 가족회의가 열렸다. 부모님은 작곡을 하고 싶어 하던 나를 위해 레슨을 시키고자 하셨다. 하지만 당시 레슨비가 한 달에 50만 원 정도였다. 너무 큰 액수였다. 당시 아버지 사례비가 95만 원이었고, 누나들은 대학생이었다. 아버지는 며칠을 숙고하시더니, 고등학교 3학년이 될 때, 딱 1년간 레슨을 받고 한 번에 대학에 붙으라고 말씀하셨다. 배울 수 있다는 사실에 기분이 좋았으나, 가정 형편을 생각하면 덜컥 알겠다고 할 수가 없었다. 쉽게 알겠다고 할 수가 없어 나는 아버지께 딱 한 달의 기간을 달라고 요청하고, 진심으로 내 마음을 돌아보며 하나님께 기도하며 고민했다. 아버지 사례비의 반이 넘는 돈을 레슨비로 지출하는 것은 아무리 생각해도 말이 안 됐다. 45만원으로 다섯 가족이 생활할 수는 없었다. 돈, 정말 돈 때문에 나는 결국 입시 레슨을 포기하기로 결심했다. 그리고 내가 좋아하는 하나님의 일을 하기로, 아버지의 길을 이어 따라가기로 결단했다. 내 결심을 들으신 아버지는 딱 한마디 하셨다. "고맙다." 본인이 한번 결심한 건 끝까지 밀어붙이시던 아버지였다. 그런 아버지가 내 결단에 단번에 고맙다고 말씀하셨다. 참 마음이 아팠다. 레슨을 시키겠다고 결심하시면서 얼마나 고민이 많으셨을지 느껴졌다. 고맙다는 한 단어에 아버지의 마음이 다 담겨 있었다. 당당하게 포기하고 아버지의 길을 이어 가겠다고 말했지만, 사실 나는 크게 좌절했다. 인생 처음으로 포기를 경험하게 된 순간이었다. 하고 싶은 것을 하지 못하는 것이, 내가 포기를 선택해야 한다는 것이 얼마나 속이 상하는 일인지 처음으로 깨달았다. 이것이 나의 첫 번째 좌절이었다.

하지만 나에겐 좌절하며 앉아 있을 시간이 없었다. 이젠 어떻게 아버지의 뒤를 이어 하나님의 일을 해야 할지 찾아야 했다. 한참을 고민하다 세계 열방에 나가서 하나님의 사랑을 나누는 선교사가 되기로 마음을 먹었다. 나는 선교학과가 있는 학교를 찾아 입시에 최선을 다했다.

'아버지의 뒤를 이어 가겠다.'

입시를 준비하는 내내 머리에 이 말이 그림자처럼 따라다녔다. 호기롭게 뱉은 말이었지만, 사실 나의 진심은 이것이 아니었다. '내 길은 음대인데, 나는 음악을 해야 하는데.' 내 마음은 온통 후회와 아쉬움뿐이었다. 결국 나의 대학 입학 원서 접수부터 합격 확인까지 부모님이 다 해 주셨다. 나는 점점 빠지는 힘을 겨우 붙들고 면접만 겨우 갔었다. 그때 나는 가난한 개척교회집 막내아들인 내가 싫었던 것 같다. 나의 길이 사실은 이미 다 정해져 있던 것만 같았다. 하지만 이러한 무너짐도 잠시였다. 하나님이 어떤 분이신가. 하나님이 그 길도 나를 위해 인도해 주셨음을 알기까지는 오랜 시간이 걸리지 않았다.

그 어디도 다 내 자리 같지 않던
순간, 연기라는 단 하나의 즐거
움, 그 한 가지를 깨달았다.

김정화가 사라졌다

김정화

모든 방송 활동을 중단한 나는 연기가 무엇인지 제대로 배워 보고자 박근형 연출가가 이끄는 연극 극단 '골목길'에 들어갔다. 극단 골목길은 박해일, 김명민, 윤제문, 고수희 등의 걸출한 배우들을 배출한 곳으로, 지금까지도 연극계에서 명성을 지닌 극단이다. 사실 그곳과 아무 연이 없었던 나는 매니저 언니의 추천으로 들어가게 되었다. 그곳에서 연극을 올리고자 한 것도 아니었고 워크숍으로 진행하는 프로젝트에 참여했다. 사실 그때에는 드라마, 영화와 연극이 분리가 되어 있었다. 지금은 모두가 여러 무대를 오가며 활동하지만 당시에 연극은 비주류, 언더그라운드처럼 생각하는 경향이 있었다. 그런 시절에 TV 배우로 데뷔해 얼굴을 알린 내가 워크숍에 참여하겠다며 연극 극단에 들어가니 극단의 모든 사람이 놀라 했다. 다시 시작하며 배우고자 갔던 내 도전이 몇몇의 눈에는 그리 예쁘게 보이진 않았던 터라 정말 미묘한 신경전이 많았다. 들으라는 듯이 TV 배우들의 연기는 연기가 아니라며 노골적으로 공격하는 말들을 비롯해 나를 은연중에 없는 사람 취급을 하는 등의 무시가 많았다. 하필 연출가 선생님이 워크숍에서 골랐던 작품은 어렵기로 소문난 안톤 체호프의 〈바냐 아저씨〉였고, 또 하필 나를 주인공 중 한 명인 엘레냐 역할로 캐스팅을 하시는 바람에 나를 향한 사람들의 적대감이 극에 달했다. 내가 상황을 타개하기 위해 선택한 방법은 아무도 토를 못 달도록 최선을 다하는 것이었다. 무조건 연습 시간보다 일찍 도착해 연습실을 청소하고 배우들 방석을 다 깔아 놓고, 선배님들 커피도 내가 먼저 가서 다 타서 드렸다. 매니저 차로 오가는 것도 아니꼽게 보일까 봐 회사의 만류에도 불구하고 지하철과 버스를 타고 극단에 오갔다. 워크숍 내내 새로 시작하며 배우겠다는 마음을 다지며 그들에게 인정을 받겠다는 목표를 가지고, 최종 공연을 올리기까지 나는 정말 최선을 다해 극단 생활에 임했다.

워크숍을 마치며 공연을 올리는 날이었다. 무대에 오르기 전, 함께 호흡을 맞추던 선배 언니가 찾아와 독주를 마시는 장면에서 진짜로 보드카를 마시자고 제안을 했다. 사실 나는 술을 한 모금도 못하는 사람이다. 선배는 그동안 연습에서 가짜로 마시는 척을 하니 너무 어색했다는 것을 이유로 꼭 독주를 마시고 연기를 하자고 했다. 뭔가 여기서 거절을 하면 진짜 배우가 아니다, 진짜 연기가 아니다라는 평을 들을 것만 같고, 마지막에 와서 이들에게 지는 것만 같아 나는 문제될 것 없다는 듯이 제안을 수락했다. 술을 마시는 장면이 되자 나는 보드카 술병을 딱 열고 술을 벌컥 마시고 크게 숨을 뱉었다. 술 냄새가 내 몸을 타고 순식간에 올라왔다. 그러자 맨 앞줄에 앉아 있던 관객이 자그막히 "아 술 냄새 나. 진짜 술인가 봐"라고 옆 친구에게 하는 말이 들렸다. 순식간에 독주의 취기가 나를 감쌌다. 얼굴이 빨개지기 시작했고, 시야는 어지러웠다. 하지만 공연은 마쳐야 했기에 정신을 바짝 차리고 끝까지 버텼다. 어떻게 버텼는지는 기억이 나지 않는다. 하루에 1회 공연도 아니어서 나는 이후 공연에서도 보드카를 또 마시고 정신력으로 겨우 겨우 버티며 연극에 임했다. 당시에는 이것이 진짜 연기의 길이고, 이걸 버텨야 그들의 인정을 받을 수 있다고 생각했다. 후일담에 의하면 정말 나를 골탕 먹이고 싶어서 그런

제안을 했었다고 한다.

3일로 계획되어 있었던 공연은 일주일이나 연장할 정도로 성황리에 마무리됐다. 모두가 기뻐했고 그 마음을 담아 뒤풀이가 열렸다. 거나하게 취한 선배 중 한 분이 나에게 다가왔다. 그 선배는 연극에 함께했던 분은 아니었고 사람들과 친분이 있어 참석한 사람이었다.

"너 연기 다시 배워야 해. 연기를 그렇게 하고 싶으면 밑바닥부터 다시 시작해!"

갑자기 그동안의 모든 설움이 북받쳐 올라왔다. 그동안의 나의 모든 노력이 폄하되는 것만 같고 무엇을 해도 어차피 그 누구도 인정해 주지 않았을 거였다는 허무함이 밀려왔다. 나는 차오르는 눈물을 그들에게 보이고 싶지 않아 곧장 그 자리를 박차고 일어나 뒤풀이가 걱정되어 찾아온 매니저 언니의 차에 올라 엉엉 울었다. 그렇게 나는 눈물로 길을 닦으며 집으로 돌아왔다. 도대체 왜 새롭게 시작하고자 하는 도전에서도 나를 아무도 도와주지 않는 걸까 서러움이 몰려왔다. 그러면서도 한편으로는 매니저 언니의 차를 타고 집으로 돌아가고 있는 나를 생각하니, 정말 내가 그동안 타인의 도움을 받으며 편하게 일을 했는지도 모르겠다는 생각도 들었다. 매니저와 스태프의 정성 어린 관리 아래서 일하다가 전쟁과 같이 치열한 연극 무대판에 들어서니 정말이지 너무나 어려웠다. 지금 생각해 보면 치열하게 연기에 열중하던 연극 배우들이 보았을 때 나는 아무래도 열정 있는 척 자신들의 자리를 뺏는 사람으로 보였을 수도 있을 것 같다.

그렇게 소외를 당하며 힘들었는데도, 나는 며칠이 지나지 않아 다시 연극을 하고 싶다는 마음이 들었다. 연극의 그 생생한 전달과 느낌이 잊혀지지 않았다. 나는 그 이후로도 연극, 소극장 뮤지컬 등 여러 작품을 찾아서 했다. 그리고 재밌게도 연극 뒤풀이에서 한 선배가 내게 밑바닥부터 다시 시작하라던 말이 복선이었는지 정말 〈밑바닥에서〉라는 뮤지컬에 참여하기도 했다. 이 시절을 통해 나는 연기와 작품을 제대로 바라볼 수 있는 시선을 가지게 되었다. 그 어디도 다 내 자리 같지 않던 순간, 연기라는 단 하나의 즐거움, 그 한 가지를 깨달았다.

하지만 연기를 제외하고 나면 또 내 삶에 남은 게 아무

것도 없다고 느껴졌다. 연기를 제외한 내 삶에 대한 열의는 도무지 찾을 수가 없었다. 사라진 김정화는 여전히 나에게 돌아오지 않았다.

—
뮤지컬 <그날들> 공연을 준비하며

"은성아, 너는 아티스트다!"

N101 강의실의 아티스트

유은성

작곡과 입시를 포기하고 입학한 선교학과에서 참 신기한 일이 벌어졌다. 다시는 음악의 근처에 갈 일이 없을 거라 생각했는데, 내 삶에 계속해서 음악이 머물렀고, 나와 함께했다. 학교 예배팀에서 베이스 기타를 연주하게 되었고, 학교 축제 때 열린 노래 페스티벌에 참여해 내가 작곡한 노래로 상을 받기도 했다. 그렇게 대학교에 입학해서도 나는 작곡을 자연스럽게 이어 갔다. 그러다 대학교 4학년 때 정말 재밌는 일이 벌어졌다. 당시 기숙사생이었던 나는 매일 밤 10시에 N101 강의실에서 기도를 했다. 그 기도실에는 피아노가 한 대 있어 모든 불을 다 끄고 자유롭게 찬양하며 기도하기 딱 좋은 나만의 장소였다. 평소와 같이 기도를 하던 어느 날, 갑자기 머릿속에 음감이 마구 떠올랐다. 나는 곧바로 떠오르는 음을 따라 피아노를 치며 찬양을 만들기 시작했다. 피아노 코드를 누르며 머릿속에 펼친 오선지 위에 음표를 그렸다. 만약 나의 기도를 들으신 하나님이 나에게 편지로 답장을 써 주신다면 무엇이라 말해 주실지를 상상하며 가사를 붙였다. 시계도 안 보고 작곡과 수정에 몰두하느라, 어느 정도의 시간이 지났는지도 알 수가 없었다. 그런데 갑자기 뒤에서 힘찬 박수 소리가 들려 왔다. 깜짝 놀라서 번쩍 뛰며 뒤를 돌아보니 한 남자가 어둠 속에서 내 쪽으로 박수를 치며 "형제님, 형제님" 하며 다가오고 있었다. 사실 우스갯소리지만 그 강의실은 종종 귀신이 보인다는 소문이 나던 곳이고, 몇몇은 귀신에게 들려 나갔다는 소문이 무성했던 곳이었다. 나는 내려오는 남자의 모습을 보고 드디어 나에게 성령님이 직접 임하시나, 나에게 음성으로 말씀하시나 생각하며 잔뜩 쫄아 있었다. 남자는 내 쪽으로 다가와 불을 켜며 말했다.

"나 가수 조하문이에요."

조하문. 누적 판매량 100만 장 이상의 밀리언셀러 가수, 노래 '해야', '이 밤을 다시 한번'의 가수 조하문이었다. 무슨 연유인지 몰라 당황하고 서 있자, 선배는 자신이 왜 여기에 있는지 설명을 해 주셨다. 당시 조하문 선배는 내가 다니던 대학교 신학대학원에서 신학을 공부 중이셨다. 늦은 밤 도서관에서 공부를 하다 잠시 복도를 지나던 중, 한 강의실에서 노랫소리가 흘러나오는데, 선율과 목소리가 아름다워서 도대체 누굴까 싶어 강의실 앞에서 얼굴을 보려고 기다리고 계셨다고 했다. 그런데 기다려도 기다려도 나오지 않기에 강의실에 조용히 들어와 40분을 넘게 기다리며 나를 지켜보고 있다가 내가 겨우 작곡을 끝내고 완창을 하자 박수를 치면서 계단을 내려왔던 것이다. 조하문 선배는 잘 들었다면서 나에게 질문을 하셨다.

"지금 부른 노래가 가요예요?"

하나님이 나에게 편지로 응답을 주신다는 콘셉트로 가사를 적다 보니, 가요처럼 들렸던 것이다. 내가 다시 곡에 대해 설명을 하자 조하문 선배는 한참 고개를 끄덕이더니, 내 이름과 연락처를 묻고 "형제는 음악을 해야 할 사람이에요"라는 말과 함께 웃으며 돌아가셨다. 그리고 며칠 뒤 이른 아침 6시 반에 갑자기 전화가 왔다.

"나 가수 조하문이에요. 혹시 나를 위해 기도하고 있어요?"

나는 솔직한 심정을 털어놓았다. 음악을 계속하는 게 하나님 뜻인지 묻고 있던 찰나에 선배가 내 음악을 듣고 박수를 쳐 주시고 음악을 해야 할 사람이라고 말해 주셔서 이것이 하나님의 뜻인지를 묻는 기도를 했다고 말했다. 그러자 그동안 작곡한 곡이 몇 곡 정도 되는지 물으시더니, 다음 주 목요일까지 강남의 어느 곳으로 자신 있는 노래 10곡을 들고 오라고 하셨다. 나는 당시 30곡 정도를 작곡했었기에, 한 주 동안 벌벌 떨면서 자신 있는 곡을 추리고 추려서 가져갔다. 약속 장소에 도착하자 조하문 선배는 갑자기 오디션을 시작했다. 시키는 대로 피아노를 치며 노래를 불렀다. "다시", "후렴만!", "다음 곡!" 절도 있는 구령에 맞춰 움직이는 군인처럼 10곡의 노래를 불렀다.

"은성아, 너는 아티스트다!"

그리고 이어서 반드시 음악을 해야 한다고, 목회가 아니라 음악의 길을 걸어야 한다고 말해 주셨다.

"대중가요 하자! 계약하자!"

대중가요라니, 그날 내가 가져간 곡들은 모두 찬양이었다. 그리고 내가 그동안 만들어 왔던 곡들도 전부 찬양이었고, 앞으로도 찬양만 만들 생각이었다. 조하문 선배는 자신의 노래 '내 아픔 아시는 당신께', 하덕규 선배의 '가시나무'도 사실은 다 찬양이라며, 내가 꼭 대중에게 녹아들 수 있는 고백이 중심에 있는 노래를 부르는 대중 가수가 되어야 한다고 말하셨다. 나는 그 말에 설득이 되었고, 그토록 바라던 음악을 할 수 있는 좋은 기회이기에 선배님을 따라 대중 가수를 준비했다.

한창 음반을 작업하기 위해 작곡에 열중을 하던 중, 갑자기 마음 가운데 다른 마음이 생겼다. 그토록 원하던 음악이었는데, 다시 음악을 해야 한다면 가요가 아닌 찬양을 하고 싶다는 생각이 강하게 일었다. 내 생각에 대한 확신이 생기자, 조하문 선배를 찾아가 내 마음을 이야기했다. 선배는 나에게 잘 생각하라며 설득하셨다. 가요로 유명해진 후 나중에 예수님을 믿는 사람임을 밝히고, 그동안 만든 노래가 다 기독교 세계관을 가지고 만든 노래임을 밝히기를 바라셨다. 본인도 현재 신학을 공부하며 목회자의 길을 가고자 하는데, 이 또한 사회에서 조명하여 하나님의 길을 사람들에게 보여지게 하고 있는 간증이 될 수 있다고 하셨다. 그동안 선배의 말에 모두 순종하던 나였지만, 그때 처음으로 선배님의 말을 어기기로 결심했다.

"대중가요를 부르는 좋은 가수들이 많으니 저는 찬양을 부르는 좋은 가수가 되고 싶습니다. 하나님을 찬양하는 노래를 하고 싶습니다."

한참 실랑이를 벌이고 헤어진 후, 선배님은 일주일 후에 연락을 주셨다.

"너의 길을 응원해, 은성아!"

선배님은 나의 뜻을 존중해 주셨다. 그렇게 나는 다시 음악의 길로 들어서게 되었다.

후일담으로 조하문 선배님은 당시 CCM계의 기라성과 같은 선배들인 천관웅 목사님, 송정미 사모님, 하덕규 목사님 등에게 조만간 좋은 친구가 등장할 것이라며, 기억했다가 관심 있게 지켜봐 달라고 나를 부탁하셨다고 한다. 그렇게 지금까지 조하문 선배는 최고의 응원자로 나를 지켜봐주고 계신다. 참 든든하다.

대학교 예배팀에서 베이스 기타 연주를 하며 음악의 꿈을 놓지 않았다

드디어 하나님의 진심을 알게 되었다. 이루 말할 수 없는 감격이 나를 훑었다. 하나님은 그렇게 나를 만나 주셨다.

새롭게 알게 된 하나님

김정화

활동을 잠시 멈춘 나는 그동안 하고 싶었던 것들을 하기 시작했다. 휴학했던 대학교에 다시 다니기도 했고, 회사의 보호 없이 자유롭게 버스와 지하철을 타고 돌아다니기도 했다. 피곤했던 몸과 마음이 조금씩 나아지는 것도 같았다. 그럼에도 마음 한구석에 해결되지 못한 감정이 여전히 남아 있었다. 도대체 왜 그런 것일지 곰곰이 생각을 해 보니 아무래도 하나님과의 거리가 멀어진 것이 이유라는 결론에 도달했다. 그동안 하나님도 혹시 나를 떠나신 건 아닐지 두려웠다. 내가 다시 하나님을 찾으려 할 때, 정말 그게 사실일까 봐 두려워 하나님을 멀리했으나, 엄마가 나에게 물려준 신앙이 다시금 나를 하나님에게로 인도했다. 결국 나는 성경 공부로 끝장을 내 보자는 해답을 내렸다. 바빴던 생활을 돌아보면서 내가 예배를 정말 그리워했음을 발견했다.

주말에도 계속되는 촬영 일정에 주일을 지킨 적이 거의 없었다. 날마다 하는 기도 또한 푸념인 이유도 내가 하나님에 대해 알지 못해서 할 수 있는 기도가 없었기 때문이었다. 성경 공부를 통해서, 응답되는 것 하나 없는 내게도 하나님이 살아 계심이 느껴지길 간절히 바랐다.

바라는 곳에 뜻이 있었고, 길이 있었다. 성경 공부가 나를 변화시켰다. 그렇게 성경 공부를 시작하자마자 모든 문제가 해결됐다고 이야기하면 좋겠지만, 사실 처음부터 내게 변화가 생기진 않았다. 성경 공부를 함께하는 다른 사람들은 기도를 하니 하나님께 응답을 받고, 아프고 힘들었던 순간이 치유되었다고 하는데, 내 삶에는 아무 변화도 일어나지 않았다. 정말 나에겐 하나님이 안 계신 건가 생각이 들어 포기하고도 싶었지만, 승부사 김정화에게 승부욕이 발동했다. 나는 처음부터 다시 시작해 보기로 했다. 지금 당장 변화가 없다고 물러설 수는 없었다. 성경 공부와 함께 성경 통독을 시작했다. 창세기부터 차례로 성경을 하나씩 독파해 나갔다. 참 부끄럽지만 그때까지 나는 주일 설교 본문 외의 성경 구절을 읽어 본 적이 없었다. 모태 신앙이라는 자부심만 있었지 진정으로 하나님을 알고자 하는 노력이 없었음을 성경을 읽으며 깨달았다. 나의 부끄러움을 깨달음과 동시에 성경이 정말 재밌다고 느껴졌다. 성경 속 사건과 인물들의 이야기를 통해 진짜 하나님이 어떤 분이신지 알게 되었다. 푸념과 소망만 연거푸 쏟아 내던 나의 기도가 얼마나 잘못되었는지 성경을 읽으며 알게 되었다. 하나님을 오해하고 있었다. 내가 하나님 앞에 회개해야 할 죄들이 무수히 쌓여 있음을 발견하는 순간, 하나님은 무조건 나를 사랑하셔야만 한다고 생각했던 나의 오만이 와장창 무너졌다. 하나님은 잘못한 죄를 따끔하게 꾸짖기도 하시고, 엄하게 벌을 내리기도 하시며 나의 기도를 들어주지 않으실 수도 있는 분이다. 언제나 'Yes'로 응답하시는 게 아니라 'No!'라고 말씀해 주시기도 하는 분임을 깨달았다. 20대 중반이 되어서야 나는 하나님의 진짜 사랑과 공의, 그리고 하나님의 섭리를 알게 되었다.

내가 연기 말고 무엇인가에 즐거움을 느끼고 많은 시간을 들어 참여한 것은 성경 공부가 처음이었다. 성경 읽기와 숙제가 버겁기는커녕 성경을 읽을 때마다 내 안에 하나님의 사랑이 차곡차곡 쌓여 가고 있음이 오감으로 느껴졌다. 그토록 바라던 나의 회복이 하나님 말씀 안에 담겨 있었다.

하나님은 나에게 참 많은 어려움을 주시고는 그것을 통해 돌고 돌아 하나님 곁으로 오게 하셨다. 엄마의 사랑을 그리워하던 내가, 어린 나이에 어른 사이에서 어떻게든 굳게 있어 보려던 참 외로웠던 내가, 혼자서 하나님께 기도하며 원망과 탄식과 바람만 쏟아 내던 내가, 드디어 하나님의 진심을 알게 되었다. 이루 말할 수 없는 감격이 나를 훑었다. 하나님은 나를 그렇게 만나 주셨다. 새로운 어려움이 내 앞에 나타나더라도 나는 이겨 낼 수 있을 것만 같았다.

성경 공부로 하나님을 만나 행복하기만 하던 어느 날, 갑자기 엄마의 암 진단 소식이 들렸다.

하지만 나를 기다리고 있던 건,
기약 없는 무명 생활의 연속이
었다.

박카스맨

유은성

"야! 박카스맨 또 왔다."

이게 무슨 말인지 아무도 모를 거다. CBS 방송국 김세광 PD님이 내게 한 말이다. 그렇다. 나는 한때 박카스맨으로 불렸다.

CCM 가수 데뷔의 길이 그렇게 힘들 줄 몰랐다. 나는 기획사 없이 혼자 앨범을 준비했다. 보통 기획사가 있다면 앨범 제작과 홍보, 공연과 방송 일정을 다 관리해 주지만, 나는 모든 걸 전부 홀로 해야 했다. 우선은 앨범 제작과 유통을 위해 돈이 필요했다. 새벽에 가락시장에서 리어카를 끌며 채소와 과일을 옮겼다. 그리고 전자 제품을 판매하는 이모부를 도와 아르바이트를 하기도 했다. 그렇게 700만 원을 모아 2년의 노력 끝에 첫 앨범을 발매했다. 그때가 바로 밀레니엄 2000년 1월 1일이었다. 하지만 포털 사이트에 내 이름을 검색해 보면 데뷔 연도가 2002년으로 나온다. 사실 여기에는 말 못했던 속사정이 있다. 1998년 IMF 사태 이후 후폭풍이 기독교 음반 시장에도 불었다. 2000년 3월, 내 앨범 유통을 담당하던 회사가 부도가 났다. 2년 동안 만들었던 음반이 3개월 만에 전량 반품되었다. 4,000장을 유통하고 4,000장을 고스란히 돌려받았다. 내 노래는 그 누구의 귀에도 들리지 못한 채 고스란히 내게 돌아왔다. 내 2년의 세월과 노력, 그리고 돈을 순식간에 다 말아먹은 셈이 되었다. (나는 절대 이 순간을 잊지 않고자 이 앨범의 일부를 결혼 전까지 간직했다.)

그렇게 모든 앨범을 떠안은 나는 무엇을 할 수 있을지 한참을 고민했다. 어떻게든 내 음악을 사람들에게 소개해야만 한다는 생각뿐이었다. 나는 딱 한 가지 생각밖에 떠오르지 않았다. 나는 그날부터 유통도 안 된 앨범을 들고 방송국을 찾아다니기 시작했다. 방송국과 음원 관련 회사에 들어가기 위해서는 매니저처럼 보여야만 했다. 나는 매니저처럼 여러 기독교 방송국과 음원 회사의 관계자들에게 박카스와 내 앨범을 건네며 한 번만 들어 달라고, 그리고 좋으면 꼭 라디오에서 틀어 달라고, 혹은 한 줄의 기사라도 써 달라고 부탁을 하며 돌아다녔다. 어찌나 간절했는지 그 누구도 시키지 않은 청소와 허드렛일을 하며 간절함을 관계자들에게 보였다.

"저기, 은성 씨 잠깐 나 좀 볼까요?"

그렇게 두 달 동안 돌아다니자, 어느 날 갑자기 CBS 방송국 라디오국의 김세광 PD님이 나를 불렀다.

"사람들이 은성 씨가 회사에 들어오면 뭐라고 하는지 알아요? '야! 박카스맨 또 왔다. 진짜 대단하다, 박카스맨!'이래요. 그런데 있잖아요. 정말 미안해요. 사실은 내가 어느 날 은성 씨를 보고 '박카스맨이다'라고 말을 하자 다른 사람들이 그렇게 은성 씨를 부르기 시작했어요. 그런데 제가 그 이야기가 너무 듣기가 싫더라고요. 그래서 사과하고 싶어서 보자고 했어요. 그리고 이제는 여기 안 오셔도 돼요. 제가 은성 씨 열정 알았으니 도와줄게요. 그리고 만약 잘 안 되더라도 은성 씨는 두 달간 보니 뭘 해도 분명히 대성할 거예요. 그러니 열심히 해 봐요! 다신 여기 오지 마요!"

그렇게 나는 어느새 박카스맨이 되어 있었다. 참 마음이 아프기도 했지만, 어쩔 수 없었다. 그만큼 절실했다. '과연 김세광 PD님이 정말 나를 도와줄까?'라는 생각을 할 무렵, 내 노래들이 CBS 방송국에서 송출이 되고 있었다. 참 약속을 잘 지키시는 분이었다. 당시 PD님은 〈하덕규의 CCM 캠프〉를 담당하셨는데, 저녁 8-10시의 황금 시간대 프로그램에 내 노래를 자주 선곡해 주셨다. 그렇게 주에 몇 번씩 내 노래가 나오더니 내 노래가 어느새 입소문을 타 다른 프로그램에서도 자주 들리기 시작했다. 끝내 어떤 일이 벌어졌냐면, 그해 라디오 방송 신청곡 및 송출 횟수를 합산한 연말 순위에 내 노래 두 곡이 올랐다. 9위에 '해바라기', 11위에 '사랑에 빠졌어요'가 오른 것이다. 유통도 되지 못한 음반의 노래가 연말 순위에 오르는 쾌거가 일어났다. 이후 참 신기한 일이 일어났다. 사람들이 노래는 아는데, 음반을 구할 수가 없으니 도대체 유은성이 누구인지 관계자들이 모두 궁금해하는 일이 벌어진 것이다.

그러던 참에 당시 우리나라에서 가장 큰 기독교 음반 기획사 트리니티에서 〈트리니티 레드〉 앨범 히든 트랙으로 내 노래 '사랑에 빠졌어요'를 넣고 싶다는 제안이 왔다. 트

데뷔 초와 CCM 캠프에서 찬양을 하던 순간

리니티가 기획한 앨범은 유명한 CCM을 새로 부르거나 미공개 곡을 모아서 내는 컴필레이션 앨범이었다. 무명의 가수의 노래를 그것도 가장 큰 음반 기획사의 기획 앨범 히든 트랙으로 넣어 준다니 나는 거절할 이유가 없었다. 그리고 이후 트리니티에서 나를 1호 가수로 영입하고 싶다는 제안을 했다. 그렇게 나는 박카스맨에서 다시 앨범 활동하는 CCM 가수가 될 수 있었다. 〈트리니티 레드〉 앨범은 아주 잘 팔렸다. 앨범 판매에 힘입어 개인 1집 앨범 준비에 박차를 가하기 시작했다. 그렇게 모든 준비가 끝나고 나는 집에 가득 쌓여 있던 4,000장의 음반을 정리하기 시작했다. 나의 새 시작을 위해 모든 것을 이제는 정리할 수 있을 것 같다는 생각이 들었다. 드디어 모든 준비가 끝난 후 2002년, 내 정규 음반 1집을 세상에 꺼내어 놓았다. 혜성처럼 등장한 신인의 새로운 시대가 열리기만을 기다렸다.

하지만 나를 기다리고 있던 건 기약 없는 무명 생활의 연속이었다.

엄마는 자신의 삶으로 하나님께
온전히 드리는 것이 무엇인지를
나에게 가르쳐 주었다.

"엄마 오늘 혼자 가서 머리 밀었어"

김정화

어렸을 때부터 이 세상을 누가 만들었을까 궁금해하던 사람. 제철을 맞아 만개한 꽃들을 보고 감격할 줄 아는 사람. 어느 날 불현듯 창세기 1장 1절을 읽고 하나님을 믿기 시작한 사람. 남편과의 불화로 마음이 너무 힘든 나머지 잠시 딸들을 놔두고 사라져 버린 사람. 그래도 다시 돌아와 딸들에게 사과를 구할 줄 알았던 솔직한 사람. 뭐가 그리 좋다고 몸이 힘들어도 사람들과 나누기를 아끼지 않았던 사람. 투병 중에도 자신이 아무래도 항암 체질인 것 같다며 농담으로라도 딸의 걱정이 줄어들길 바라던 사람. 지독하게 보고 싶고, 그리워서 아직도 슬퍼지는 이름, 우리 엄마다.

엄마가 집을 나가고 나서 3-4년이 지난 후에야 연락이 닿았다. 사실 엄마는 그동안 나 몰래 언니랑은 연락을 하고 있었다고 했다. 이 사실 또한 나에겐 큰 상처였지만, 다 지난 일이었고, 나는 엄마를 다시 볼 수 있다는 것만으로도 참 감사했다. 활동을 중단하고 성경 공부에 몰두하며 하나님을 알아 가는 기쁨을 깨달아 가던 때였다. 건강 검진을 할 때가 되어 이참에 엄마도 함께했으면 싶어 나는 엄마와 함께 건강 검진을 받았다. 그때 엄마의 가슴에 자리 잡은 암을 발견했다. 유방암 3기였다. 충격은 물론이고, 도대체 무엇이 그렇게 엄마를 아프게 만들었을까 생각을 하다 고생하던 엄마의 시간들이 눈앞으로 스쳐 지나가기 시작했다. 혹시나 엄마가 힘들어하던 과거의 시간들이 엄마를 아

사랑하는 엄마와 나

프게 만든 건 아닐까 원망의 마음이 피어올랐다. 이제 우리 행복하자고, 더 이상 아프지 말고 함께하자고 다짐하던 날들이 얼마 지나지 않았을 때였다. 처음으로 엄마와 언니와 함께했던 싱가포르 여행에서 했던 우리의 다짐이 엄마의 암 소식에 무색해졌다.

엄마는 끝까지 씩씩했다. 급하게 수술을 마치고 시작한 항암에서도 엄마는 참 강인했다. 당시 일을 쉬고 있던 내가 주도적으로 엄마의 병원 일정을 관리했는데, 엄마는 매번 나를 안심시키는 일에 열중하는 것이 느껴졌다. 첫 항암을 마치고는 아무래도 자신이 항암 체질인 것 같다고, 주사를 맞으면 힘이 불끈 난다고 웃으며 이야기를 했다. 병원 가는 날에는 오늘도 항암 영양제 맞고 힘내야지 하는 짓궂은 농담도 서슴없이 나에게 툭툭하던 엄마였다.

어느 날, 엄마에게 전화가 왔다.

"정화야, 엄마 오늘 혼자 미용실 가서 머리 밀고 왔어."

나는 속이 상해 왜 혼자 갔냐며 엄마를 다그쳤다. 혼자 미용실에 가 머리를 밀었을 엄마의 마음이 얼마나 슬프고 두려웠을지 느껴져 모진 말로 엄마에게 왜 그랬냐며 성질을 냈다.

  "오늘 아침 머리를 감는데 머리가 너무 많이 빠지지 뭐야. 그냥 청소하기도 힘들고 해서 밀었어."

엄마다웠다. 늘 씩씩하던 엄마는 끝까지 씩씩하고 싶었던 것 같다. 아마도 맨날 걱정하는 딸이 걱정돼 더욱 씩씩한 모습을 보여 주고자 했던 건 아닐까 싶다.

엄마는 힘든 투병 가운데서도 참 열심히 신앙생활을 했다. 매 주일 예배는 물론, 수요 예배, 철야 예배, 주일 식당 봉사까지. 이제는 그만해도 된다고, 다 낫고 다시 시작하면 된다고 말려 보아도 엄마는 몸이 안 좋아져 교회에 나가기가 어려워지기 전까지 단 한 번도 교회에 빠지지 않았다. 사실 나는 엄마의 신앙생활을 보며 자꾸 원망의 마음이 들었다. 이렇게 하나님을 잘 믿고 따르는 자녀를 왜 고통 속에 두시냐고, 누구보다 하나님을 사랑하는 사람에게 왜 이런 아픔을 주시냐고 따지듯 하나님께 기도했다. 하지만 엄마는 나와 달랐다. 힘든 투병 기간에도 입에서 매번 감사가 흘러나왔다. 당시에는 몰랐지만, 이제는 안다. 엄마는 내게 하나님과 동행하는 법을 알려 주었다. 엄마가 삶의 모습으로 보여 준 신앙의 자세가 내게는 그 무엇보다 큰 가르침이다.

누구보다 외롭고 힘든 싸움을 홀로 치러 온 우리 엄마. 본인이 힘들더라도 더 이상은 절대로 자식에게 상처를 주지 않으려는 우리 엄마. 힘든 투병 생활 중에도 병원의 작은 정원을 보면서 하나님께 감사 기도를 드리던 우리 엄마. 날마다 하나님과의 깊은 교제를 이루며 온전히 하나님께 자신을 맡긴 엄마는 하나님께 온전히 드린다는 것이 무엇인지를 자신의 삶으로 나를 가르쳤다.

지금의 남편, 은성 씨를 만나 결혼을 하기까지도 엄마의 도움이 있었다. 정말 하나부터 열까지 나에게 가장 좋은 것을 주고자 했던, 사랑하는 나의 언덕, 엄마. 힘든 일이 자꾸 생기는 날에 나는 엄마의 마음을 떠올려 본다.

"아 진짜 아무래도 나는 힘든 일 체질인가 봐!"

"하나님이 이르시되 그가 나를
사랑한즉 내가 그를 건지리라
그가 내 이름을 안즉 내가 그를
높이리라"(시 91:14).

시편 91편

유은성

라디오 연말 순위에 오르기도 했겠다, 트리니티와 함께 한 앨범 〈트리니티 레드〉도 아주 잘 팔려 나갔다. 그렇다면 내게 남은 건 이제 내 개인 1집 앨범의 성공이었다. 박카스 맨에게 드디어 볕이 들 날이 찾아왔다고 생각했다. 음반을 내기만 하면 이제 승승장구일 거고, 이제 상황과 여건에 구애받지 않고 바라던 대로 자유롭게 음악을 하는 날이 찾아오리라고 생각했다.

2002년, 1집은 처참하게 망했다. 무명 생활의 연속이었다. 무명. 없을 무(無), 이름 명(名). 정말 이름이 없었다. 주목받던 신인 유은성은 사라졌다. 그 어느 곳에서도 내 이름이 불리지 않았고, 나를 찾는 교회나 사역지가 단 한 곳도 없었다. 그렇게 열심히 준비한 앨범이었는데, 그 누구도 듣지도, 부르지도 않았다. 앨범을 준비하며 대학교를 졸업했

84
—
85

고, 시간이 흘러 신학대학원까지 졸업했다. 음악을 하고 싶었으나 집안의 형편상 포기해야 했던 나의 10대, 그토록 원하던 음악을 다시 시작했으나 끝내 실패하고 또 실패한 무명의 20대. 10대부터 지금까지, 박카스맨이라는 소리를 들어가면서도 절실했던 나의 꿈은 늘 완성을 향해 가는 듯하다 보란 듯 비웃으며 땅바닥으로 고꾸라졌다. 지금 돌아보면 그래도 어린 나이지만, 스물일곱의 유은성에게는 그렇지 않았다. 그렇게 절망의 늪을 헤매고 있었다.

하지만 절망에 헤매기도 잠시, 대학원까지 졸업한 나는 이제 군대에 입대해야만 했다. 연기할 명분도 없어 2003년, 27살의 아주 늦은 나이에 입대 영장을 받게 되었다. 군대에 다녀오면 정말 서른이었다. 10대와 20대를 실패로 점철해 온 내가 군대까지 다녀오면 무엇을 할 수 있을지 좌절감이 들어 아무것도 하기가 싫었다. 입영 날짜를 받아 둔 나는 한 달 동안 방에 처박혀 나를 좀먹은 좌절과 씨름하며 보냈다.

넘어져도 다시 일어나 도전하려 몸부터 나가던 내가 아무것도 안 하고 방에 박혀 지내자 가족들이 걱정하기 시작했다. 어떻게든 나를 방에서 꺼내고자 온 가족이 노력했지만, 내 마음은 하나도 동하지 않았다. 다 싫었고, 그냥 나를 이대로 내버려 두기만을 바랐다. 며칠 후 어머니가 조용히 내 방으로 들어와 곁에 앉으셨다. 그리고는 나에게 물으셨다.

"은성아, 너는 하나님이 살아 계심을 믿니?"

나는 그냥 말없이 믿는다는 의미로 고개를 끄덕였다. 어머니는 내 끄덕임을 보시고는 말을 이어 가셨다.

"그런데 왜 너의 상황을 위해 기도하지 않니? 너의 이야기를 왜 하나님께 드리지 않는 거니?"

큰 트럭이 나를 치고 간 듯한 기분이 들었다. 괴로운 순간마다 기도하지 않은 내 모습들이 스쳐 지나가며 눈물이 흘렀다. 괴로워할 줄만 알았지 기도할 줄을 몰랐다. 그저 모든 게 억울했고, 화가 나기만 했다. 노력해도 되지 않는 현실에 분노할 줄만 알았다. 기도를 하지 않았던 내 모습이 명확히 보이기 시작했다. 나는 그날로 방을 나왔다. 그리고 작정 기도를 시작했다. 입대까지 40일을 앞둔 날이었다. 매일 새벽 기도를 하러 갔다. 하루, 이틀, 사흘, 나흘 … 내 기도 제목은 언제나 똑같았다.

"하나님, 하나님은 전능하신 하나님이시잖아요. 인간을 창조하고, 죽은 자도 살릴 수 있는 분이시라면서요. 어릴 때부터 하나님은 못할 게 없으시다고 배웠어요. 제가 아는 하나님은 전능하신 하나님이세요. 그러니까 누구보다도 저를 잘 아시는 하나님께서 제 인생을 바꿔 주세요. 하나님이 바꿔 주실 줄 믿어요. 로또에 당첨되는 것이 인생 역전이 아니라 하나님을 만나 인생이 역전되고 싶어요."

실패했다 느껴지는 내 인생을 하나님이 책임져 달라고만 기도했다. 나를 따라 기도하러 오신 어머니도 나와 같은 기도를 하나님께 드렸다. 그렇게 새벽 기도를 나간 지 21일째 되던 날, 갑자기 어머니가 기도 중에 어머니 눈앞에 '시편 91편'이라는 글자가 보였다고 하셨다. 눈을 뜨면 사라지더니 눈을 감으면 시편 91편이 둥둥 떠다닌다고 하시며 나에게 시편 91편을 어서 찾아서 읽어 보라고 말씀하셨다.

1 지존자의 은밀한 곳에 거주하며 전능자의 그늘 아래에 사는 자여,

2 나는 여호와를 향하여 말하기를 그는 나의 피난처요 나의 요새요 내가 의뢰하는 하나님이라 하리니

3 이는 그가 너를 새 사냥꾼의 올무에서와 심한 전염병에서 건지실 것임이로다

4 그가 너를 그의 깃으로 덮으시리니 네가 그의 날개 아래에 피하리로다 그의 진실함은 방패와 손 방패가 되시나니

5 너는 밤에 찾아오는 공포와 낮에 날아드는 화살과

6 어두울 때 퍼지는 전염병과 밝을 때 닥쳐오는 재앙을 두려워하지 아니하리로다

7 천 명이 네 왼쪽에서, 만 명이 네 오른쪽에서 엎드러지나 이 재앙이 네게 가까이 하지 못하리로다

8 오직 너는 똑똑히 보리니 악인들의 보응을 네가 보리로다

9 네가 말하기를 여호와는 나의 피난처시라 하고 지존자를 너의 거처로 삼았으므로

10 화가 네게 미치지 못하며 재앙이 네 장막에 가까이 오지 못하리니

11 그가 너를 위하여 그의 천사들을 명령하사 네 모든 길에서

너를 지키게 하심이라

12 그들이 그들의 손으로 너를 붙들어 발이 돌에 부딪히지 아니하게 하리로다

13 네가 사자와 독사를 밟으며 젊은 사자와 뱀을 발로 누르리로다

쭉 읽어 보는데 14절부터 나의 마음이 산산조각 나기 시작했다.

14 하나님이 이르시되 그가 나를 사랑한즉 내가 그를 건지리라 그가 내 이름을 안즉 내가 그를 높이리라

15 그가 내게 간구하리니 내가 그에게 응답하리라 그들이 환난 당할 때에 내가 그와 함께 하여 그를 건지고 영화롭게 하리라

16 내가 그를 장수하게 함으로 그를 만족하게 하며 나의 구원을 그에게 보이리라 하시도다

나는 14절 말씀을 읽기 시작함과 동시에 펑펑 울기 시작했다. 들고 있던 성경책이 눈물로 다 젖어서 종이가 붙을

정도였다. 그동안 기도할 때마다 하나님이 응답하시지 않는 것만 같았다. 밑바닥 인생이기에 하나님이 내 기도를 안 들으시는 줄 알았는데 아니었다. 21일 동안 매일 똑같이 전능하신 하나님이 내 인생을 바꾸시라고, 하나님은 할 수 있는 분이심을 믿는다고 기도하자 응답해 주셨다. 14-15절 말씀에 내가 기도했던 내용에 대한 모든 답이 들어 있었다. '그동안 하나님이 내 기도를 다 듣고 계셨구나, 내 상황을 모두 알고 계셨구나!' 하는 마음이 들어 하염없이 울 수밖에 없었다. 내 상황과 환경은 바뀐 게 하나도 없었지만, 이 말씀을 읽은 후부터 신기하게도 괜찮아졌다. 그리고 오히려 감사가 넘쳤다. 하나님이 내 기도를 듣고 계시다는 것만으로 큰 만족과 위로가 되었다. 가뜩이나 무명인 데다가 군대에 다녀오면 더 무명이 될 것 같아 평생 밑바닥 인생으로 살 것이 두려웠던 내 인생이 변화되었다. 하나님이 주신 말씀 하나로 두려움이 사라졌다.

'어차피 무명인 거 가기 전이나 갔다 온 후나 달라질 게 뭐가 있나? 까짓거 가서 하나님 기뻐하시는 일만 잔뜩 하고 오자.'

하나님을 신뢰하자 담대한 마음이 생겼다. 이제 내 인생의 새로운 막이 열릴 순간이 기대가 되기 시작했다.

02.

캐러멜 마키아토 *Caramel Macchiato*

우유 거품처럼 포근하고,
캐러멜처럼 달콤한 사랑

캐러멜 마키아토Caramel Macchiato는 라테 마키아토에 캐러멜 소스를 뿌린 커피 음료다. 라테 마키아토란 스팀 우유 위에 에스프레소를 부어 만드는 커피로, 하얀 거품 위에 에스프레소를 부을 때 남는 갈색 점의 흔적을 보고 지어진 이름이다.

이처럼 누군가와 하나가 되는 순간은 흔적이 남는다. 사랑은 아마도 흔적이 남는 일일지도 모른다. 부드러운 우유와 쌉쌀한 커피, 그리고 달콤하고 끈끈한 캐러멜이 만나 새로운 맛을 만들어 내는 것만큼 신비한 일. 우리의 사랑의 흔적을 이야기해 보고자 한다.

"난 언제 죽을지 모르는데, 나중에 엄마가 나 보러 왔을 때 내가 죽고 없으면 어떡해요?"

내 소중한 딸, 아그네스

김정화

〈뉴 논스톱〉에서 인연이 되었던 배우 정태우 오빠의 추천으로 MBC의 〈가족〉이라는 다큐멘터리를 찍게 되었다. 취지는 우간다에 가서 에이즈(AIDS)로 부모를 잃고 현재 에이즈를 앓고 있는 여섯 살 소녀, 아그네스와 가족이 되어 주는 것이었다. 20대 중반의 내가 결혼은 물론이고, 엄마의 역할이 무엇인지도 모르는데, 덜컥 가족이 되어 주는 프로젝트에 참여하게 되니 걱정이 앞섰다. 그냥 그 아이가 학교에 다닐 수 있도록 열심히 돕고 오자 정도의 마음으로 걱정을 달랬다. 아이가 나에 대한 거부감만 없었으면 좋겠다고 바라며 열심히 기도로 준비하고 우간다로 출발했다.

아그네스를 만나러 마을 입구에 들어서자 저 멀리서 정말 작고 마른 여자아이가 나를 향해 뛰어왔다. 두 손 가득 선물을 들고 낑낑거리며 마을을 향해 걸어가면서도 맨발

카라멜 마키아토 Caramel Macchiato

에 조그맣고 왜소한 아이가 금방 눈에 띄었다. 한눈에 아그네스임을 짐작했다. 종종걸음으로 내 앞에 선 아그네스는 그 작은 손으로 나를 꼭 안아 주었다. 그때 나는 아그네스와 한순간에 연결이 되는 것을 느꼈다. 나를 사랑해 줄 단 한 사람을 애타게 기다리고 있던 아그네스의 마음이 나에게 전달이 되었다. '너도 나와 같구나.' 내가 손을 잡아 주고자 갔던 우간다에서 나는 작은 소녀가 먼저 내밀어 준 손에 안겨 눈물을 흘렸다.

'아그네스, 네가 내 딸이구나.'

사랑하는 내 딸 아그네스

나는 4일 정도 아그네스와 함께했다. 보통의 엄마가 아이와 함께하는 걸 다 해 보았다. 아이의 학교 수업에 참관도 해 보고, 병원도 함께 가고, 시장에 함께 가서 장도 보았다. 속옷 하나 없는 아그네스에게 속옷을 사서 입히고, 신발을 신기고, 찢어진 옷을 아주 곱고 예쁜 새 옷으로 갈아입혔다. 아그네스의 집에 가서 빨래도 하고, 요리를 해서 같이 먹기도 했다. 엄마로서 해 줄 수 있는 모든 일을 해 주고 싶었다. 그러다 불현듯 아그네스의 생일이 언제인지 궁금해 물으니 1월 1일이라고 했다. 새해가 생일인 것이 신기해서 정말이냐고 물으니, 보통 에이즈 아동들의 경우, 부모를 일찍 여의어 생일을 알 수 없으니 그냥 1월 1일을 생일로 한다는 이야기를 전해 들었다. 아그네스는 단 한 번도 누구에게 생일을 축하받지 못했다고 했다. 이제는 내 딸이 된 아그네스가 새로운 희망의 삶을 다시 살아가길 축하해 주고 싶었다. 나는 아그네스에게 새로운 생일을 만들어 주기로 했다. 우리는 근처 가장 좋은 식당으로 가서 생일 파티를 했다. 그리고 10월 3일, 오늘을 아그네스의 새로운 생일로 삼아 기념하기로 했다.

　내가 정말 아그네스를 이렇게 사랑하게 될 줄 몰랐다.

캐러멜 마키아토 Caramel Macchiato

작고 왜소한 이 아이가 나를 향해 진심으로 웃어 주는 미소를 사랑하게 될 줄 몰랐다. 한국으로 돌아갈 시간이 다가왔다. 그 무렵 아그네스는 나에게 하고 싶은 말이 점점 많아졌다. "엄마가 사는 곳은 어떻게 생겼어요?", "엄마는 어떻게 뜨거운 걸 잘 먹어요?", "엄마는 코끼리를 본 적 있어요?" 나를 향한 아그네스의 마음이 커지듯 나의 마음도 커져서 차마 곧 내가 돌아가야 한다는 것을 말할 수가 없었다. 부모를 다 잃고 이모의 집에 얹혀살고 있는 작은 내 딸 아그네스, 자신의 질병으로 학교에서도 왕따를 당하고, 스스로 위축이 되어 주눅 든 모습으로 살아가던 딸이 이제야 조금 어깨를 펴고 나에게도 엄마가 있다며 즐거워하고 있는데, 이별이 다가왔음을 말하기가 참 힘들었다. 나는 돌아가기 전날 아그네스에게 조심스레 헤어질 시간이 다가왔음을 전했다. 언제 다시 만날지 모르는 채로 작별 인사를 하며 눈물을 쏟는 나를 아그네스는 아무 말도 없이 울면서 바라보기만 했다. 아그네스는 정말 아무 말도 하지 않았다. 할 말이 없냐고 아무리 물어봐도 내 품에 안겨서는 아무 말도 해 주질 않았다. 결국 나는 복잡한 마음을 품고 마지막 밤을 보내러 숙소로 돌아갔고, 그날 저녁 아그네스는 통역을 맡아 주신 선교사님에게 찾아가 정말로 엄마가 이제 오지 않냐고 물었다고 한다. 선교사님이 엄마가 언젠가 다시 올 수도 있지만, 한국은 너무 멀어서 언제 또 올 수 있을지 모른다고 말하자 아그네스는 조용하고 담담하게 이렇게 말했다고 한다.

"난 언제 죽을지 모르는데, 나중에 엄마가 나 보러 왔을 때 내가 죽고 없으면 어떡해요?"

어린아이 입에서 어떻게 그런 말이 나올 수 있는지 믿을 수가 없어 가슴이 미어졌다. 한국에 돌아와서도 나는 아그네스와 아프리카를 위해 날마다 기도했다. 나를 향해 먼저 손을 내밀어 안아 준 아그네스의 손길을 날마다 기억했다. 내가 가진 것을 나누러 갔다고 생각했는데, 사실은 내가 사랑을 가득 받고 돌아왔다. 하나님은 나에게 아프리카와 아이들에 대한 더욱 뜨거운 마음과 은혜를 부어 주셨다. 하나님이 나를 연예인으로 만드셨던 이유를 점차 깨달았다. 내가 가지게 된 영향력을 어떠한 방향으로 사용해야 하는지를 알게 되었다. 그토록 바라던 응답이었다. 너무 힘들다고 소리치며 하나님께 원망하던 나의 마음에 하나님은 아그네스를 통해 응답해 주셨다. 내가 만약 연예인 생활을 그만뒀다면 아그네스를 만나지 못했을 거였다. 그리고 지금까지 아프리카를 향해 마음을 품고 살지도 못했을 것이다. 나는 아그네스를 통해 배우로서 더욱 열심히 살아야겠다고 다짐하고, 다시 목표를 세웠다. 좋은 배우, 좋은 엄마가 되어 내가 가진 영향력을 선한 하나님의 뜻에 사용해야겠다는 비전이 생겼다.

내 품에 쏙 들어오던 아그네스가 어느새 이렇게 커서 결혼까지 했다

그렇게 아픈 엄마와 더불어 아픈 딸이 생긴 나는 기아대
책과 함께 내 이야기를 책으로 엮게 되었다. 일련의 내 인
생에 생긴 변화들을 담아 사람들에게 지구 반대편에 살고
있는 나의 꼬마 천사 아그네스의 이야기를 꼭 전하고 싶
었다.

지금 와서 생각해 보면 아마도
엄마는 그날 우리의 만남을 예감
했는지도 모르겠다.

이 사람 뭐지?

김정화

아그네스를 만나러 우간다에 다녀온 후, 암 투병 중인 엄마의 딸이자, 에이즈에 걸린 딸의 엄마로서의 내 이야기를 엮은 책『안녕, 아그네스!』를 출간하기로 했다. 책의 집필을 다 마친 후, 편집 과정이 진행되는 동안 책에 음악 하나를 담고 싶어서 주위에 노래를 써 줄 작곡가를 수소문했다. 그때 주위의 추천으로 만난 사람이 바로 나의 남편, 유은성이었다. 이제야 말해 보지만, 사실 첫인상은 그리 좋지 않았다. 그때 나는 드라마 촬영을 병행하고 있어 홍대 근처의 카페에서 매니저와 함께 은성 씨와 첫 번째 미팅을 했다. 어디선가 모자를 푹 눌러 쓰고 다크서클 진한 퀭한 눈의 우중충한 남자가 나타나 매니저 앞에 앉자, 나는 사실 좀 놀랐다. 당시에 나는 작곡가 하면, 약간 음지에 있고 어둡다는 선입견이 있었는데, 내가 생각했던 딱 그 느낌의 사람이었다. 눈매는 또 왜 그렇게 날카로운지, 과연 같이 작업을 할 수는 있을지, 과연 그 작업이 좋은 결과물을 만들 수 있을지 걱정부터 앞섰다. 애석하게도 이것이 은성 씨에 대한 나의 첫인상이었다.

하지만 첫인상은 첫인상일 뿐, 대화를 할수록 정말 괜찮은 사람이라는 것을 알 수 있었다. 대체로 매니저를 통해 이야기를 주고받았음에도 좋은 사람이라는 게 느껴졌다. 뭐라고 말을 해야 할지 모르겠지만, 정말 사람들이 말하는 전형적인 좋은 교회 오빠 느낌이었다. 다정하고 유머가 있는데, 살갑기도 하고 진중하기까지 한 딱 착하고 친절한 사람의 전형이었다. 우리는 곡 작업을 위해 종종 만났다. 은성 씨가 작곡한 음악에 대해 의견을 나누고 그 곡 위에 내가 어떤 가사를 쓰면 좋을지 함께 논의하며 조금씩 친해졌다.

녹음을 다 마치고, 최종 버전을 어떻게 할지 여러 차례 수정을 거치는 날을 보내던 도중 엄마의 병세가 급격히 안 좋아졌다. 급하게 입원을 해야 하는 상황이 생겼고, 한 사람 한 사람의 중보 기도가 절실해 은성 씨에게도 연락해 기도를 부탁했다. 어느 정도로 상황이 안 좋은지 묻는 은성 씨에게 이제 어머니를 요양하는 시설에 모셔야 할 것 같다고 대답하며, 혹시 아는 시설이 있는지도 물어보았다. 은성 씨는 기도와 함께 지인 중에 시설을 운영하는 분이 있다며 직접 알아봐 주겠다고 함께 가 보자고 했다. 정말 짧은 기간 일로 만난 사이의 나에게 큰 친절을 베풀어 주는 은성 씨에게 나는 참 고마웠다.

며칠 후, 요양 시설을 함께 알아보고 나서 은성 씨는 나를 병원에 데려다주고는 돌아갔다. 그런데 내가 우리가 중간에 들렀던 카페에 핸드폰 충전기를 두고 온 것이 생각났다. 사실 새로 사면 될 것을, 나는 은성 씨에게 전화를 걸어 충전기를 찾아다 줄 수 있는지 부탁했다. 참 지금 생각해 봐도 어이가 없는 일이다. 그때 왜 다시 살 생각을 못 한 건지 모르겠다. 이것도 다 하나님의 계획이었을 것이라고 이제 와서 생각해 본다. 더 웃긴 건 정말 은성 씨가 집에 가는 길에 다시 카페로 돌아가 충전기를 찾아다 주었다는 것이다. 나는 먼 길을 돌고 돌아 다시 온 은성 씨를 그냥 다시 돌려보내기가 미안해 과일이나 사러 가자고 하며, 잠시 이야기를 나눴다. 그때 처음으로 당시 나의 마음 상태와 힘듦을 은성 씨에게 표현했던 것 같다.

그렇게 얼마간의 시간이 흐르고, 엄마의 상태가 더 급격히 안 좋아졌다. 요양 시설이 아니라 호스피스 병동으로 모셔야 할 정도로 건강이 악화되었다. 알아봐 준 요양 시설에 갈 수 없게 되어 은성 씨에게 상황을 전하자 은성 씨는 엄마를 위해 기도하러 병동으로 오겠다고 했다. 정말 작은 기도도 절실했던 상황이었는데, 먼저 기도해 주겠다고 하니 이번에도 몹시 고마웠다. 엄마는 은성 씨의 찬양 '하나님 아버지의 마음'을 워낙 좋아하던 터라, 은성 씨가 병실에 찾아왔을 때, 방끗 웃으며 은성 씨를 맞아 주었다. 엄마는 목소리만 듣던 사람을 실제로 보니 신기하다며 아주 좋아했다. 그날은 엄마가 호스피스로 옮기기 하루 전 날이었는데, 엄마가 안경을 찾아 쓰고는 바로 앉아 한참 동안 은성 씨를 지그시 바라보던 게 지금까지도 생각이 난다.

　　지금 와서 생각해 보면 아마도 엄마는 그날 우리의 만남을 예감했는지도 모르겠다.

어머니를 정성껏 돌보는 정화 씨를 보면서 나도 모르게 '하나님 저는 저런 사람이면 좋을 것 같아요'라는 기도가 나왔다.

연예인도 사람이네

유은성

어느 날, 기아대책 측에서 연락이 왔다. 김정화 배우가 책을 쓰는데, 거기에 들어갈 음악을 작곡해 달라는 의뢰였다. 여러 사람을 수소문하다가 나와 '원하고 바라고 기도합니다'를 부르신 민호기 목사님을 최종 후보로 두고 고민이었다고 했다. 당시엔 그랬구나 싶었지만, 이제 와서 생각해 보면 그때 나로 결정된 것이 천만다행이었다. 이 귀중한 짝을 놓칠 뻔한 것이니 말이다. 정말 하나님의 한 수였다.

각설하고, 정화 씨를 처음 만나던 날 나는 하와이에서 집회를 마치고 돌아와 시차 적응이 안 돼 뜬 눈으로 밤을 보내고, 안 좋은 컨디션으로 부랴부랴 나갔다. 너무 피곤해서 머리를 만질 새도 없이 그냥 모자를 바짝 눌러쓰고 정화 씨를 만나러 홍대의 한 카페로 나갔다. 나가 보니 정말 연예인이 앉아 있었다. 정화 씨는 말없이 조용하게 차갑고 과묵

하게 앉아 있었다. 연예인은 원래 그런가 보다 생각하고, 작업에 관련해 이야기를 시작했는데, 정화 씨는 도통 말이 없었다. 대부분의 이야기는 매니저를 통해 이야기를 했다. '와, 연예인은 뭔가 다르긴 다른가 보다'라는 생각이 들었다. 첫 만남 이후 곡을 만들고 정화 씨의 음역대와 목소리를 확인해야 해서 우리는 종종 만나게 됐다. 그래도 이제 조금씩 대화는 주고받긴 했지만, 모든 자리에 매니저가 함께 동행하는 것을 보고 정말 다른 세계에 사는 사람이라고 느꼈다.

녹음실에서 연습을 하는 날이었다. MR을 틀어 줄 테니 노래를 한번 해 보라는 말에 정화 씨는 말없이 고개를 끄덕였다. MR을 틀고 정화 씨의 노래를 기다리고 있는데, 정화 씨가 노래는 부르지 않고 가만히 고개를 숙인 채 몸을 이리저리 흔들고 있었다. 무슨 일인가 싶어 왜 그러냐고 물어보자 정화 씨는 딱 한마디를 했다.

"부끄러워요."

정화 씨의 말에 나는 속으로 '이것 봐라? 김정화도 사람이네?'라는 생각이 들어 웃음이 새어 나왔다. 아예 다른 세계에 사는 사람인 줄만 알았는데, 나와 같은 세상에서 비슷한 감정을 느끼는 사람이라는 걸 그때 처음 알았다. 마지막 녹음 날이 되어서야 우리는 매니저 없이 이야기를 할 수 있을 정도의 친분이 생겼다. 그동안 모든 것을 다 매니저를 통해 연락을 하고, 정화 씨에게 해야 할 말도 다 매니저를 통해 전했었다. 그래도 막상 마지막이라고 하니 너무 아쉬워 나는 용기를 내서 정화 씨에게 말을 건넸다.

"앞으로 우리 만나기도 어려울 텐데, 이제 다음은 어떻게 연락하고 만나요?"

"하하, 저한테 직접하세요. 연락처 드릴게요."

생각 외로 너무 쉽게 정화 씨는 연락처를 주었다. 막상 연락처를 받고 나니, 이 연락처를 진짜 받아도 되는 건지 혼란이 왔다. 연예인, 자꾸 다른 세계의 사람이라는 생각이 떨쳐지지 않았다. 그래도 연락처를 받았기도 하고, 어차피 작업물 수정 과정을 들려주어야 하니 나는 정화 씨에게 연락을 했다. 그러면서 자연스럽게 작업 이야기와 서로의 일상을 조금씩 공유했다. 그러던 어느 날, 정화 씨에게 연락이 왔다. 어머니가 많이 아프시다는 소식을 전하며, 어머니를 위해 기도를 부탁했다. 연예인 김정화에게도 힘듦과 아픔이 있음을 처음으로 알게 됐다. 그리고 상태가 안 좋아지신 어머니를 모실 만한 요양 시설을 아는 곳이 있는지 물었다. 나는 진심으로 무엇이든 돕고 싶어져 알고 지내던 분이 운영하는 곳을 소개해 주며 같이 가서 살펴보고 돌아오기도 했다. 이후 어머니의 상태가 더욱 안 좋아지셔서 어머니를 요양 시설이 아닌 호스피스에 모셔야 할 것 같다는 연락을 받았다. 정화 씨의 목소리가 너무도 위태로워 보였다. 나는 어머니를 직접 뵙고 기도해 드리고 싶다고, 방문하면 어머니를 만날 수 있냐고 물어보았다. 정화 씨는 흔쾌히 감사하다며 가능하다고 말해 주었다.

　병원에 도착해 어머니를 정성껏 간호하는 정화 씨의 모습을 보았다. 그때 참 마음이 아팠다. 본인의 몸을 챙기지도 못하면서 어머니를 간호하는 모습이 참 딱했다. 걱정스러워 내가 어떻게든 챙겨 주고 싶다는 마음이 들었다. 어머니를 만나 뵙고 기도를 하고 난 후 우리는 병원 1층 벤치에 앉아 많은 이야기를 나누었다. 정화 씨의 어린 시절부터 현재의 어려움까지 듣게 되었다. 나는 그 후로부터 시간이 될 때마다 어머니가 계신 병원에 자주 갔다. 밥도 안 먹고 어머니를 돌보는 정화 씨에게 밥을 먹으러 가자고 하기도 하고, 가벼운 간식을 사서 문 앞에 걸어 두고 가기도 했다. 하루는 어머니 다리를 주무르며 화장품을 발라 드리고 있는 정화 씨의 모습을 보는데, 저절로 정화 씨를 위한 기도가 나왔다. 그리고 내가 도울 수 있는 것 모두 돕겠다고 다짐했다. '하나님 저는 저런 사람이면 좋을 것 같아요'라는 기도가 나도 모르게 새어 나왔다.

"이제는 저도 혼자서 걸어가야 할 때인 것 같아요. 마음 잘 추스르고 이제는 혼자 걸어가 볼게요. 그동안 힘이 되어 주셔서 감사해요."

이제는 혼자 걸어가 볼게요

유은성

　정화 씨의 어머니께서 돌아가셨다는 연락을 받았다. 가장 먼저 연락을 하는 거라고 했다. 차마 거기에 뭐라고 답을 해야 할지 몰라 답을 하지 못했다. 그렇다고 당장 장례식에 조문을 가기에도 소속사나, 기자들의 시선이 신경 쓰여 그러지도 못했다. 결국 오후에 조문을 다녀왔다. 정화 씨가 참 힘들어 보였다. 사실은 내가 정화 씨와 무슨 관계라고 나서서 위로를 할 수 있을까 싶었다. 사귀고 있던 사이도 아니고 단지 나 혼자 좋아하고 있었던 것이기에 여러 조문객과 기자들이 신경 쓰여 크게 위로하지도 못했다. 이것도 저것도 못하는 내 모습이 답답했고, 힘들어할 정화 씨가 눈에 아른거려 마음이 아팠다. 다음 날에는 기아대책 대표님과 함께 조문을 갔다. 상실감과 피곤함, 그리고 얼마나 울었는지 모를 얼굴을 보니 다시금 속이 상했고, 미안했다.

조문객들을 맞이하고, 또 마음을 추스르고 정리하는 정화 씨에게 나는 아무런 힘도 되지 못했다. 어머니의 장지에 따라가지도 못했다. 정말 점점 주위에서 '유은성은 뭔데 자꾸 여기에 오는 거야?' 하는 시선과 말들이 들려 혹여나 정화 씨에게 피해가 갈까 걱정이 되었기 때문이다. 이후 장례식은 잘 마무리했는지, 가족들과 시간을 보내고 있는 건지 너무 궁금했지만, 연락을 할 수가 없었다. 미안했고, 미안했다. 그리고 아무것도 해 줄 수 없음에 속상하고 마음이 아팠다.

시간이 조금 지나고 정화 씨에게 장문의 메시지가 왔다. 참 길기도 길었다. 떠오르는 대로 요약을 해 보자면 다음과 같은 내용이었다.

"그동안 많이 의지가 되었어요. 엄마가 투병하시는 동안 너무 마음이 힘들어서 의지할 곳이 필요했는데, 기댈 수 있게 해 주셔서 감사해요. 이제는 저도 혼자서 걸어가야 할 때인 것 같아요. 마음 잘 추스르고 이제는 혼자 걸어가 볼게요. 그동안 힘이 되어 주셔서 감사해요."

나에게 큰 실망을 한 느낌이었다. 마음에 오해가 있는

것만 같았다. 이러다가는 정말 정화 씨와 영영 멀어지게 될까 봐 두려웠다. 나는 진심을 담아 딱 한 문장을 보냈다.

"그래서… 나한테 의지하고 기댄 거 후회해요?"

한참 후에 답장이 왔다.

"아니요. 후회하지 않아요."

이제는 내가 제대로 마음을 표현해야 할 순간이었다. 혹여나 지금이 우리의 마지막이 될지도 모른다는 생각에 한참을 고심하며 한 자 한 자 꾹꾹 마음을 눌러 담아 답장을 보냈다.

"그렇다면 나한테 계속 의지하고 기대세요. 내가 정화 씨의 엄마가 되어 줄 수는 없지만, 힘들 때 지금처럼 기댈 수 있는 사람은 되어 줄 자신이 있어요. 힘든 이 시간이 다 지나가고 괜찮아질 때, 그때는 홀로 걸어간다고 해도 얼마든지 놓아 드릴게요."

나는 그날부터 정화 씨에게 진심으로 다가가기를 결심
했다.

잠시 혼자서 마음을 정리할 시간
이 필요했다. 다시는 그 누구도
잃고 싶지 않았다.

의지한 거 후회해요?

김정화

엄마가 돌아가신 후의 상실감은 다시는 떠올리기 싫을 정도로 마음이 힘들었던 기억이다. 4년간 엄마의 투병 생활을 간병했다. 딸인 내가 있는데, 전문 간병인을 구해 어머니를 간병하는 건 스스로 절대 용납할 수가 없었다. 나는 나의 최선을 다해 엄마와 함께했다. 엄마가 암 진단을 받은 이후 옆에서 돌볼 사람이 필요해지자, 나는 대본 리딩까지 마쳤던 드라마를 포기하고, 엄마를 간병하는 일에 집중했다. 그것만이 내가 딸로서 엄마에게 해야만 하는 도리라고 생각했다. 누군가는 배우로서의 삶을 포기하는 것이냐고 묻기도 했지만, 나에게 이건 너무나 당연한 일이었다. 학생 시절 엄마가 집을 나가 우리가 3-4년 동안 보지 못했어도 나를 낳고, 기르고, 누구보다 나를 사랑해 주고, 표현해 준 우리 엄마였다.

엄마의 장례를 다 마친 후 나는 조문해 주신 많은 분에게 인사를 드리다 은성 씨에게도 연락을 했다. 혼자서 많은 생각을 했다. 이 세상에 덜렁 혼자 남은 것 같은 기분이었다. 그 기분이 너무 싫어서, 너무나 서럽고 서글퍼서, 엄마가 너무 보고 싶어서 마음이 괴로웠다. 잠시 혼자서 마음을 정리할 시간이 필요했다. 다시는 그 누구도 잃고 싶지 않았다. 엄마를 간호하던 나의 생활을 가장 가까이에서 봐 주었던 사람이 은성 씨였다. 그동안 은성 씨를 참 많이 의지하고 있었음을 깨달았다. 이제는 그 누구도 의지하지 않아야 할 것 같았다. 그리고 내가 사랑하는 사람을 잃지 않기 위해서는 혼자서 살아야겠다는 생각밖에 들지 않았다. 내가 사랑하는 사람들은 자꾸만 나를 떠나갔다. 다시는 찾을 수도 없는 곳으로 떠나서 남은 나만 항상 괴롭다고 생각했다. 다시금 모든 상황이 나를 도와주지 않기로 작정을 했다고 느껴져 은성 씨에게도 그동안 고마웠다고 이제는 혼자서 삶을 걸어가 보겠다고 말했다. 정말 내가 혼자서 견뎌야 한다고 생각하며 보냈던 메시지였다. 시간이 좀 지나고 자신에게 의지했던 순간을 후회하냐는 답장이 왔다. 아니었다. 은성 씨에게 받은 힘과 위로는 이루 말할 수가 없었다.

나는 당연히 그렇지 않다고 답을 보냈다. 그랬더니 지금보다 조금 더 나아질 때, 그때 놓아 줄 테니 괜찮아질 때까지는 자신에게 의지하라는 은성 씨의 답장에 나는 알겠다고 할 수밖에 없었다. 사실 그 당시 내게 필요한 건 혼자서의 시간이 아니라 함께할 사람이었던 것일지도 모르겠다. 그리고 그때 은성 씨가 내 옆에 있어 주었다. 그 순간부터 나는 은성 씨를 더욱 의지하게 되었던 것 같다.

장례 절차와 모든 후속 처리를 끝낸 후, 생각과 마음을 정리하고 싶어 일본에 잠시 다녀오고자 했다. 혼자서 갑자기 여행을 다녀온다는 내가 걱정이 되었는지, 은성 씨는 불안하니 여행하는 순간순간마다 사진을 찍어서 자신에게 보내 달라고 했다. 나는 순순히 밥 먹을 때, 관광을 할 때, 잠시 쉬고 있을 때마다 사진을 보내며 나의 일상을 공유했다. 엄마를 천국으로 먼저 보낸 상실감을 잘 추스르고, 하나님께 내 마음을 온전히 드리며 시간을 보냈다. 그리고 다시 한국에 돌아갈 때가 되었다. 갑자기 은성 씨가 내가 돌아가는 비행기 시간을 물어보더니, 몇 시간 후에 일본에 도착할 예정이라는 메시지를 보냈다. 참 놀랐다. 그리고는 정말 은성 씨가 나를 데리러 일본으로 왔다. 그리고는 자신이 옆에 있어 주어야 할 것 같다고, 그래서 일본까지 왔다는 참 다정한 말을 내게 건넸다. 한국으로 돌아오는 길, 우리는 많은 이야기를 나눴다. 은성 씨와 대화를 할 때마다 참 많은 이야기를 나누게 되는 게 신기했다. 그리고 은성 씨는 언제나 다정했다. 참 좋은 사람이었다. 자꾸만 나도 모르게 은성 씨를 의지했고, 더욱 의지하고 싶었다. 우리는 어느새 서로를 좋아하고 있었다. 그걸 은성 씨도 느꼈는지 나에게 연애를 해 보자고 말했다. 하지만 나는 은성 씨가 내가 아닌 행복한 가정을 이룰 사람을 만나야만 한다고 생각했다. 나는 그 누구와도 결혼하고 싶지 않았고, 엄마의 힘듦을 보았기에 시댁이라면 치가 떨렸으며, 좋은 가정을 이룰 수 있을 거라는 자신도 없었다. 또 당시 나는 28살의 어린 나이였기에 나를 만나서는 안 될 것 같다고 말했다. 그랬더니 은성 씨는 자신도 사역이 우선이어서 결혼할 생각이 없으니 자주 옆에 있을 수 있게 연애를 시작해 보자고 나에게 다시 고백을 했다. 결혼도 아니고, 좋아하는 은성 씨를 자주 볼 수 있다면, 그렇다면 나는 당연히 YES(유은성)였다.

내 공연을 보러 온 은성 씨의 인증 사진

어느 날의 경주

하나님을 중심에 두고 만나기 시
작하자 더욱 깊은 이해와 사랑이
우리에게 머물렀다.

다시 QT할까요?

유은성

연예인과 연애를 한다는 것은 정말이지 힘든 일이다. 어지간한 큰 마음이 아니라면 금방 지쳐 떨어져 나갈 것이라고 나는 확신한다. 그만큼 정화 씨를 향한 내 마음이 진심이라는 것을 은근히 나타내고 있는 것이기도 하다. 우리의 데이트는 거의 대부분이 3시간 이내였다. 그것도 돌아다닐 수가 없어서 주로 차에서 데이트를 했다. 아주 맛있는 커피를 사 와서 차 안에서 마시고, 아주 맛있는 동네 맛집의 떡볶이를 포장해서 차 안에서 먹고, 아주 좋은 음악을 한강이 보이는 차 안에서 들었다. 그렇게 3시간의 꿀맛 같은 시간을 보내는 것이 우리 데이트의 전부였다. 하지만 그렇다고 자주 볼 수도 없었다. 나도 지방 사역이 자주 있었고, 정화 씨도 촬영이 있어서 쉽게 보기도 힘들었다. 하필 우리 집은 인천이고, 정화 씨 집은 구리였다. 기본적으로 거리도 꽤나

멀었다. 우리의 만남이 대체로 어떤 식이었냐 하면, 내가 충북 괴산에서 찬양 집회를 하고 곧장 구리로 가서 정화 씨를 보고 다시 인천 집으로 돌아가는 식이었다. 얼마나 귀하고 금 같은 시간이었는지 모른다. 조금이라도 더 같이 있으려고 서로 아등바등하며 만났다.

결혼 발표 후 공개 데이트를 즐기던 시절

그러던 어느 날, 갑자기 정화 씨가 데이트 시간도 하나님께 십일조를 하자는 말을 했다. 이게 무슨 말인가 싶어 다시 물었다. 정화 씨는 헌금도 십일조를 하는데, 데이트도 십일조를 해야 되지 않겠냐고 말했다. 데이트를 어떻게 해야 십일조가 되는 건지 묻자, 정화 씨는 함께 QT를 하자고 했다. 평신도 청년이 전도사에게 QT를 하자고 하는 이 모습이 너무 귀하고 귀여워서 한참을 웃었다. 나는 너무 좋다고, 너무 좋은 생각이라고 다음부터 바로 하자고 말했다. 하지만 속마음은 반대였다. 너무 싫었다. 차마 싫다고 말할 수가 없었을 뿐이다. 만날 시간도 없고, 데이트할 시간도 없는데, 무슨 QT냐고 생각했다. 목회자 자녀로 자라며, 매일 아침 아버지 설교를 듣고, 저녁엔 가정예배를 드렸다. 그런데 연인과 데이트를 하는데도 예배라니, 정말 하고 싶지가 않았다. 하지만 전도사로서 싫다고 할 수도 없었고 이미 하겠다고 말한 이상 나는 열심히 QT를 준비해서 정화 씨를 만났다.

결과는 상상 이상이었다. 전율이 일 정도로 너무 좋았다. QT를 하는 동안 우리는 더욱 솔직해질 수 있었다. 하나님을 우리 사이에 두고 서로를 바라보게 되자 내 욕심이 아니라, 하나님이 주시는 마음으로 서로를 바라보게 되었다. 자연스럽게 묵상을 나누며 삶의 현장을 공유하고, 서로의 상처를 나누며 우리는 더욱 끈끈해졌다. 3시간도 채 못 보는 얼굴만 잠깐 보는 날이더라도 우리는 함께 말씀을 나누기 시작했다. 늦은 시간 밥도 못 먹고 만났을 땐, 서로 도시락을 먹여 주며 말씀을 나눴다. 우리는 다음 날 일정도 잠시 잊을 정도로 깊게 하나님 말씀과 서로의 삶을 나누면서 서로를 알아 갔다. 하나님을 중심에 두고 만나기 시작하자 더욱 깊은 이해와 사랑이 우리에게 머물렀다.

한번은 이런 일도 있었다. 연애를 하다 보면 다투는 순간이 있지 않은가. 서로 조금 감정이 상한 날이었다. 내가 어서 QT를 하자고 하자 정화 씨가 오늘은 안 하고 싶다며 잔뜩 기분이 상했음을 표현했다. 나도 기분이 썩 좋지는 않았지만, 전도사 체면이 있으니 기도는 하자고, 기도로 끝내자고 정화 씨 어깨에 손을 올리고 기도를 했다. 서로 기분이 상하지만 그럼에도 서로의 마음을 잘 보듬을 수 있기를 바라는 기도를 드렸다.

"예수님의 이름으로 기도드립니다. 아멘."

매 순간이 소 중했던 우리의 만남

정말 기도에는 힘이 있다. 기도를 마치자마자 정화 씨가 머쓱한 듯 씨익 웃고는 나에게 이렇게 말했다.

"전도사님, 우리 QT할까요?"

아직까지도 잊지 못하는 순간이다. 정화 씨와 함께하는 순간순간마다 하나님의 함께하심을 경험할 수 있었다. 지금 연애하는 청년들에게 꼭 함께 QT를 해 보라고 강력하게 추천하고 싶다.

점점 내 인생을 유은성에게 걸어
도 괜찮을 것 같다는 확신이 차
오르기 시작했다.

작은 거인

김정화

분명 처음 연애를 시작할 때 은성 씨는 지금의 사역이 우선이어서 결혼 생각이 없다고 했다. 그런데 만난 지 한 달이 좀 지나자 은성 씨가 결혼하자는 말을 하기 시작했다. 처음엔 나를 너무 좋아해서 그냥 하는 말인 줄 알았다. 처음엔 무슨 농담을 그렇게 하냐고 넘겼는데 알고 보니 진심으로 하는 말이었다. 밥을 먹을 때도, 반찬을 놓아 주면서 "이렇게 해 주니까 좋죠? 그럼 결혼할까요?", 차 문을 열어 주면서도 "이런 남자 없어요. 결혼해요!", 카페에 가서도 "커피 마실래요? 결혼할래요?" 하며 자신과의 결혼을 한번 생각해 보라고 말했다. 나는 연애를 시작하면서 결혼 생각이 없다고 말했고, 분명히 은성 씨도 그렇게 말했는데, 왜 갑자기 결혼을 하자고 그러는 거냐며 따지듯 물었다. 방금 전까지 장난치듯 개구쟁이 같던 은성 씨가 정말 진지한 표정으로 말하기 시작했다. 내가 명절에도 혼자 있는 것을 보면서 이제는 나의 가족이 되고 싶어졌다고 했다. 혼자 두고 싶지 않고, 옆에서 모든 것을 함께하고 싶다고 말했다. 그러면서 자신의 가족이 얼마나 좋은 사람들인지, 결혼 조건이 얼마나 좋은지 구구절절 설명하기 시작했다. 은성 씨가 말한 좋은 조건은 가난한 목회자 가정에 누나 둘, 그리고 사랑받는 막내아들 자신이었다. 웃음만 나왔다. 그래도 굴하지 않는 은성 씨는 최고의 조건이 아니냐며 시댁이 아니라 가족이 될 수 있을 것이라고 확신에 차 말하기 시작했다. 내가 어렸을 때부터 엄마의 모습을 보며 가지고 있던 시댁에 대한 안 좋은 선입견을 자신의 가족들에겐 절대 느낄 수 없을 것이라고 했다. 나는 말도 안 되는 소리 그만하라고 말하며 웃어넘겼다. 그런데 알고 보니 은성 씨는 하나님께 작정하여 기도하며 나에게 결혼을 하자고 말한 거였다. 나에게 결혼하자고 말을 하기 전까지 시간을 정해 두고 작정 기도를 했다고 한다. 매일 9시, 12시, 15시, 18시. 시간을 정해 두고 어디에서 뭘 하든 기도했다고 한다. 첫 번째는 나의 마음을 위해서, 두 번째는 나이 어린 배우자가 결혼하겠다고 하면 반대할 것 같은 소속사 대표님을 위해서, 세 번째는 하나님을 믿지 않는 우리 아빠를 위해서. 그렇게 기도하며 나에게 결혼을 하자고 말했던 거였다.

참 사람의 마음이 웃기다는 걸 나는 이때 깨달았다. 누군가가 나를 이렇게 사랑해 주고, 나를 위해 준다고 하니 다시금 가족에 대해 스스로 생각해 보고, 결혼에 대해 깊게 고민해 보게 되었다. 정말 만약 내가 이 사람과 결혼을 한다면 어떤 모습일지를 상상해 보기 시작했다. 우선 열정과 노력의 아이콘인 유은성이라면 나를 굶기지는 않을 것 같았다. 하지만 도무지 넘어설 수 없는 벽이 있었다. 바로 시댁이었다. 언제나 시댁이 마음의 문제였다. 자기 부모님과 누나들이 진짜 좋은 사람들이고, 나의 가족이 되어 줄 것이라고 이야기를 하는데, 솔직히 하나도 믿어지지 않았다. 자기 가족을 안 좋게 말하는 사람이 어디 있을까. 우선 그 생각은 잠시 미뤄 두고 나는 은성 씨만을 생각해 봤다. 그러자 새롭게 은성 씨가 보이기 시작했다.

은성 씨는 작은 거인이다. 사실 은성 씨를 잘 모르는 사람은 은성 씨를 볼 때 조금은 가벼운 사람이라고 생각할 수도 있을 것 같다. 원체 타인을 많이 배려하고 밝은 분위기를 위해 애쓰는 사람이기에 그렇게 볼 수도 있을 것 같다.

하지만 은성 씨는 밝음 가운데 진중함과 신중함이 곧게 자리잡힌 중심이 있는 사람이다. 본업을 할 때는 정말 프로 중의 프로다. 자신의 일에 최선을 다하고 즐겁게 일하는 건강하고 행복한 사람이다. 연애를 시작하고 나서부터 나는 은성 씨의 사역의 모습을 보고 제대로 반했다. 나는 주체적으로 무엇인가를 주도하며 일해 본 적이 없었다. 반면에 은성 씨는 굉장한 열정과 확신을 가지고 주도적으로 일했다. 무대에서 찬양을 할 때 가장 자유롭고 행복해 보이는 사람, 작은 거인이 바로 은성 씨였다.

바라볼 때마다 참 커 보이는 사람이다. 무대에 서서 하나님을 찬양하고, 복음을 전하며 복음의 사명자로서 삶을

결혼 초 미국 애틀랜타 노크로스 교회에서

살아가는 모습이 지금까지도 멋있다. 슬픔의 수렁에 빠져 있는 내 곁에 다가와 언제든 함께 가자며 그 수렁에서 함께 머물러 주던 사람이다. 그리고 내가 걸을 힘이 생기자 나를 부축해서 함께 천천히 수렁을 벗어나 밝은 세상으로 이끌어 준 사람이 바로 은성 씨다. 귀여운 농담과 장난으로 분위기를 유쾌하게 만들고, 내 내면에도 단단한 작은 거인이 생길 수 있게 도와준 사람. 이 사람에게 내 인생을 걸어 봐도 좋을 것 같다는 생각이 들기 시작했다.

그리고 은성 씨는 지금까지 나에게 반말을 하지 않는다. 물론 처음에야 일로 만난 사이다 보니 서로를 존대하며 만남을 시작했지만, 이후에도 은성 씨는 나에게 존댓말로 이야기해 준다. 이것은 은성 씨가 부탁했던 약속이다. 어려서부터 어른들이 항상 사랑하는 사람과 잘 싸우는 것이 현명한 것이라고 말씀하셨는데, 그러기 위해서는 서로를 존중하고 존대를 해야 가능한 일이라며 서로를 존대하자고 부탁했다. 나보다도 한참이나 나이 많은 사람이 이렇게 말하기가 참 어려울 텐데, 은성 씨는 그 어려운 것을 언제나 척척 잘한다. 나도 어렸을 때 강풀 작가의 만화를 좋아했는데, 당시『그대를 사랑합니다』만화를 보면 노인이 되어서도 서로 존댓말을 하는 부부들이 나온다. 정말 그 모습이 너무 아름다워 보였다. 그렇게 우리도 나이 들어서까지 서로를 아껴 주는 사이가 되고 싶었는데 이렇게 먼저 말해 주니 더 감동이었다.

그때부터 점점 내 인생을 유은성에게 걸어도 괜찮을 것 같다는 확신이 차오르기 시작했다.

—
아프리카 우간다 선교지에서

이제 진짜 시작이다.

"우리 이제 연애 그만해요"

김정화

은성 씨의 적극적인 사랑 공세를 받으며 연애를 한 지 3개월 쯤이 지났을 무렵, 나는 은성 씨를 카페로 불러냈다. 그리고 정적의 시간이 길게 이어졌다. 은성 씨는 불안했는 지, 무슨 일이냐고 몇 차례 물었고, 나는 그때까지 마음 정리를 하느라 한참을 가만히 있었다. 그러다 결심이 선 나는 은성 씨에게 이별을 고했다.

"우리 이제 연애 그만해요."

은성 씨는 충격을 받은 얼굴로 나를 가만히 바라봤다. 그러더니 갑자기 왈칵 눈물을 쏟으며 고개를 숙이고 잠시만 시간을 달라고 말했다. 나는 은성 씨 반응에 놀라 얼른 내가 진짜 하려던 말을 꺼냈다.

"우리 이제 연애 말고, 결혼해요."

  은성 씨는 옅은 탄식을 해맑은 미소와 함께 뱉어 냈다. 항상 솔직한 사람이다. 무슨 그런 이야기를 이렇게 하냐며 나를 원망하던 모습이 지금도 눈에 선하다. 아직까지도 이 일화를 사람들에게 말하는 은성 씨를 보면 정말 충격이 컸긴 했나 보다 싶다. 내가 극단까지 들어가서 연기를 철저히 갈고닦은 보람이 있었다. 배우의 연기력을 제대로 보여 준 순간이었다. 처음으로 제대로 속였다.

  은성 씨는 기뻐서 거의 방방 뛰었다. 그리고 역시나 빠르게 다음 단계로 나아갔다. 이제 우리의 관계를 우리 아빠

연애 반지

에게 알리고, 정식으로 인사를 드리고 싶다고 했다. 아빠에게 인정을 받고 큰 사랑과 축복 속에 우리가 서로 사랑했으면 좋겠으니 꼭 시간을 내서 인사를 하러 가자고 했다. 사실 아빠는 엄마와 이혼 후, 새로운 가정을 이루어 잘 지내고 계셨다. 물론 나와의 사이는 좋았지만, 아빠에게 은성 씨를 소개시키는 일은 또 다른 문제였다. 하나님을 믿지 않는 우리 아빠가 과연 은성 씨를 어떻게 생각할지 예상이 가지 않아 막막했다. 이렇게 우리는 연애의 종지부를 찍고 결혼이라는 새 출발을 향해 또 성큼성큼 달려갔다. 참 재밌다. 만남부터 결혼식까지 정말 딱 10개월이 걸렸다. 이제 진짜 시작이다.

결혼반지

03

아메리카노 *Americano*

물과 에스프레소가 만나 펼쳐지는
선물과 같은 향미

모두에게 익숙한 아메리카노 Americano는 에스프레소에 물을 넣어 연하게 마시는 커피를 말한다. 제2차 세계대전 때 이탈리아에 주둔한 미군 병사들이 진한 에스프레소가 입맛에 맞지 않자 뜨거운 물을 넣어 연하게 마시는 것을 보고 '미국인들이 마시는 커피'라는 뜻으로 이 이름이 지어졌다고 한다. 에스프레소에 물을 넣어 희석시킨 것이기에 커피 맛이 흐려진다고 말하는 사람들도 있지만, 오히려 물을 통해 커피 본연의 맛과 향이 부드럽게 강조되기도 한다.

신이 주신 선물이라 불리는 커피는 어떻게 활용하느냐에 따라 천차만별의 맛과 향을 지닌 음료로 탄생한다. 가장 기본적이고 풍부한 맛을 느끼기 위한 방법은 아무래도 아메리카노일 것이다.

각자의 쓰고 짙은 시절을 지나 만나게 된 우리는 함께하며 더욱 풍성한 하나님의 은혜를 경험했다. 은혜의 마중물이 되어 준 선물과 같은 우리의 순간을 함께 즐겨 주셨으면 좋겠다.

우리의 결혼이 장인어른과 장모님, 두 영혼을 하나님 곁으로 인도하는 귀한 영혼 구원의 자리가 되었다.

"이렇게 은혜로운 상견례는 처음일세!"

유은성

정화 씨의 아버님께 정식으로 우리의 만남을 인정받고 싶었다. 정화 씨에게 빠르게 날을 잡아 달라고 부탁하고 그때부터 나는 예상 질문지를 만들어 답변을 달아 달달 외웠다. 몇만 명 앞에서 찬양을 할 때도 떨지 않던 내가 아버님과의 만남 앞에서는 벌벌 떨고 또 떨었다. 더욱이 아버님과 새로 가정을 이루신 어머님도 오신다고 하여 더 긴장이 되었다. 예상 1번 질문, "자네 직업은 무엇인가?"라고 물으시면, '전도사라고 말해야 할까, CCM 가수라고 말해야 할까, 하 그러면 또 모르실 것 같고. 대학에서 아이들을 가르치고 있다고 해야 하나' 이런 식으로 한참을 고민하고 또 고민하며 아버님과의 만남을 위해 만반의 준비를 했다.

하지만 정작 아버님은 나를 보자마자 예상 질문에 없던 질문을 던지셨다. 정말 얼마나 당황을 하고 긴장했는지, 그게 무슨 질문이었는지 지금까지도 도통 기억이 나지 않는다. 아버님의 질문에 당황한 나는 그때부터 횡설수설했다. 얼굴과 귀가 새빨개지고, 질문을 못 알아들어 다시 되묻고, 질문과 다른 대답을 하고, 말을 더듬고, 말 그대로 총체적 난국이었다. 처음부터 꼬여 버리니, 끝까지 긴장 또 긴장을 했다. 그때부터는 정화 씨가 도와주었다. 대화를 정리하고, 상황을 정리하여 나를 대신하여 말을 해 주며, 아버지의 질문에 차분히 다시 대답할 수 있도록 도와주었다.

나는 너무 부끄러워서 마지막 인사를 드리며 아버님께 원래 그렇지 않은데 오늘 너무 횡설수설했다고 진심으로 사과드렸다. 그러자 아버님은 웃으시면서 자신도 오늘 만남이 긴장이 되어 잠을 자지 못했으니 이해한다며 괜찮다고 말해 주셨다. 이어 아버님은 정말 말도 안 되는 이유로 나와 정화 씨와의 만남을 흔쾌히 허락해 주셨다.

"자네, 내가 무슨 질문을 하면 횡설수설하는 게 참 순수해서 보기 좋아. 솔직히 우리 정화 유명한 집안 아들, 어디 연예인, 어디 기업의 아들이다 뭐다 아주 많은 사람이 좋다고 했다네. 나는 항상 당연히 거절했지만 말일세. 나는 자네가 순수해 보여서 참 좋아. 그리고 자네 아버지가 목사님이시랬지? 난 자네 아버지가 목사님이셔서 자네가 마음에 드네."

아버지가 목사님이어서라면, 아버지가 마음에 드시는 거지 아버지가 목사님이어서 내가 마음에 드신다니, 정말 알 수 없는 마음이었다. 아버님은 내가 목회자의 자녀이니 바르게 잘 자랐겠다는 생각이 있으셨던 것이다. 참 신기한 일이었다. 심지어 아버님은 하나님을 믿지도, 교회에 다니지도 않는 분이셨다. 그런데도 목회자의 자녀라서 마음에 든다니, 정말 하나님께서 내 간절한 기도를 들어주셨다고밖에 생각이 들지 않았다.

이후 아버님이 나에게 하신 말씀이 더 놀라웠다.

"자네 우리 정화랑 결혼하게. 부모님께는 언제 인사하러 갈 건가?"
"다음 주 목요일 정도에 인사를 드리러 가려 했습니다."
"그렇다면 시간 끌지 말고 그날을 상견례로 하는 건 어떤가?"

이렇게 속전속결로 일어날 일이 맞나 싶었다. 당시 나는 부모님께 정화 씨에 대해 일언반구한 적이 없으며, 집에서는 친척들이 노총각이라고 제발 어서 결혼하라고 성화였던 시기였다. 그렇게 아무것도 모르시던 아버지에게 전화해 시간과 장소를 말씀드렸다.

"아버지, 어머니랑 예쁘게 하고 오세요. 그날 상견례예요."
"뭐라고?"
"상견례라고요."

그렇게 전화를 냅다 끊어 버렸다. 부모님은 결국 내가 결혼하고자 하는 상대가 누군지도 모르는 상태로 상견례에 오시게 되었다.

당시 아버지는 30여 년의 목회 생활을 마무리하시고 원로목사가 되셨던 때였다. 그토록 사랑하던 목회의 최전선에서 물러난 아버지는 매우 힘들어하셨다. 종종 우울해하셨고, 감정이 민감해지셨다.

어머니가 정화 씨에게 선물한 예물

그러던 중 막내아들이 갑자기 상견례를 한다고 하니 조금은 기분이 좋으셨던 것 같다. 상견례 당일 아버지는 나와 함께 자리에 들어선 정화 씨를 보며 굉장히 놀라셨다.

아버지는 "설지가 들어왔어!"라고 하시며 펄쩍 놀라셨는데, 그 무렵 아버지가 즐겨 보셨던 드라마가 〈광개토대왕〉이었기 때문이었다. 호위 무사 설지 역할로 정화 씨가 그 드라마에 출연했기에 아버지는 단번에 정화 씨를 알아보셨고, 아주 기뻐하셨다. 또 그 무렵 연초에 SBS의 〈강심장〉에 정화 씨가 나와서 자신의 이야기를 했었는데, 그 방송도 부모님과 함께 봤었다. 모두가 감명 깊게 정화 씨의 이야기를

2013년 8월 24일 동숭교회, 잊을 수 없는 우리의 결혼식

듣고 함께 이야기를 나눴는데, 그때까지도 아무말 없던 아들이 3개월 후에 배우 김정화와 연애 중이며, 갑자기 결혼을 하겠다고 하니 더 놀라셨다. 놀라셨어도 아버지와 어머니는 우리의 결혼을 진심으로 좋아하셨다.

이제 또 사건이 터졌다. 나와 정화 씨는 결혼 후 곧장 미국으로 갈 예정이었다. 미국에서 사역을 하면서 잠시 조용히 지내고자 했다. 그래서 집도, 혼수도 다 필요가 없었다. 둘이서 알아서 해결할 예정이니 양가 부모님들께서는 신경을 쓰실 일이 없었다. 우리도 축복만 해 달라고 부탁드렸다. 그러다 보니 상견례에서 정할 것이 없어서 양가 부모님이 서로 할 이야기가 없었다. 어색한 정적이 조금씩 흐르려 할 때 아버지께서 나서셨다. 강단에서 30년 넘게 활약하시다 은퇴하시고는 목이 간질간질하시던 아버지가 갑자기 설교를 시작하셨다. "모세가! 이스라엘에서!"라고 운을 띄우며 설교를 시작하시자 나는 놀라서 아버지를 급하게 말리며 어서 식사하자고, 상견례에서 설교를 하시면 안 된다고 겨우겨우 아버지를 진정시켰다. 그랬지만 또 잠시 후, 정적이 흐르자 아버지는 "그래서! 법궤가 이스라엘로 돌아왔을 때!"를 시작으로 다시 설교를 시작하셨다. 다시 생각해도 진땀이 나는 순간이다. 그런데 더욱 웃긴 건, 아버지가 설교를 하실 때 교회도 안 다니시는 정화 씨 아버님께서 "아멘, 아멘!" 하셨다는 것이다. 불편한 내색 하나 없이 아버지의 장단에 잘 맞춰 주시는 아버님께 너무나 감사했다.

상견례가 끝난 후 나는 인사를 드리며 곤란하셨을 것 같아 사과를 드리고자 했는데, 아버님은 또 나에게 감동을 주셨다.

"나 이렇게 은혜로운 상견례는 처음일세. 사실 이전에 지금 아내의 자식들이 결혼할 때 예물, 예단이 어쩌니, 혼수가 어쩌니 하며 사돈과 다툼이 있었다네. 그래서 상견례 자리는 정말 싫었는데, 오늘은 아니었네. 너무 은혜로웠어. 사돈 어른도 목사님이고, 사위는 전도사인데, 그럼 이제 나도 교회에 나갈까 하네."

나는 그때 너무 감격스러워 바로 그 주일부터 사역이 끝난 후 곧장 아버님 댁에 찾아가 댁 근처의 교회에 함께 가서 예배를 드리기 시작했다. 같이 저녁을 먹고 여러 교회에 함께 방문해 보며 한 곳에 정착을 하실 수 있도록 도왔다. 정말 은혜였다. 우리의 결혼이 장인어른과 장모님, 두 영혼

아메리카노 Americano

을 하나님 곁으로 인도하는 귀한 영혼 구원의 자리가 되었
다. 한번은 장인어른께서 지방의 집회 지역까지 나를 위해
직접 운전을 해 주시기도 하셨고, 함께 그 자리에서 기도하
며 은혜를 경험하기도 했다. 우리의 결혼이 이뤄 낸 정말
값진 영혼 구원이었다. 하나님이 우리의 결혼을 기뻐하시
며, 여러 통로로 우리를 사용하실 것을 짐작하게 되는 순간
이었다.

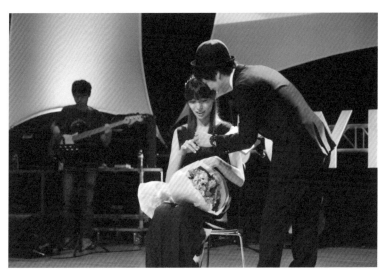

조이코리아 캠프에서 프러포즈를 했다

하나님은 언제나 원하는 걸 들어
주시진 않았다. 하지만 가장 정
확한 때에 하나님의 은혜를 내
삶에 이루어 주셨다.

두 번째 엄마

김정화

  사실 아빠는 나의 평생 기도 제목이었다. 엄마와 이혼 후 새로운 가정을 이뤄 잘 살고 계셔서 너무나 감사했지만, 그럼에도 언니랑 내가 엄마와 교회에 갈 때 핍박하던 아빠의 모습이 떠오를 때마다 참 마음이 어려웠다. 평생의 기도 제목으로 어렸을 때부터 아빠를 위해 기도했지만, 언제나 하나님은 묵묵부답이셨다. 내가 성경 공부를 시작했을 때도, 아그네스를 만나고 돌아오는 길에도, 엄마의 장례를 마무리하던 때에도, 하나님은 응답해 주지 않으셨다. 그런데 이 기도가 우리의 결혼으로 이루어졌다. 참 놀라운 일이다. 하나님은 언제나 원하는 걸 들어주시진 않았다. 하지만 가장 정확한 때에 하나님의 은혜를 내 삶에 이루어 주셨다. 딸만 둘을 낳아 삼대독자인 아빠의 대를 끊어 놓았다며 엄마를 지독하게도 구박했던 우리 할머니도 이후에 하나님을

아메리카노 Americano

162
___
163

만나셨다. 대대로 제사를 지내는 가정에서 홀로 예수님을 믿던 우리 엄마에게 대를 끊은 나쁜 며느리이자, 유교 집안을 뒤흔드는 눈엣가시라 말하던 할머니가 지금은 94세의 권사님이시다. 우리 엄마로부터 시작한 믿음이 나와 언니 너머, 우리 아들 유화, 유별, 아빠, 할머니까지 4대가 하나님을 믿는 집안으로 완성이 되었다. 정말 하나님이 우리 가정에 주신 가장 큰 복이라고 생각한다. 우리 가정에 이보다 더 큰 복이 과연 있을까. 하나님이 주신 복 중에 가장 큰 복은 바로 믿음의 복이라고 생각하는데, 하나님은 우리의 만남을 통해 믿음의 복을 우리 가정에 허락하셨다. 우리의 만남을 통해 이루시는 하나님의 계획은 사람의 생각을 언제나 뛰어넘는다. 우리의 결혼은 신의 한 수, 하나님의 한 수였다. 무더위 속에서 아이스 아메리카노를 시원하게 벌컥들이켰을 때의 청량감, 그 시원함이 결혼을 통해 우리 삶에 머물렀다.

결혼을 하기로 하고 상견례까지 마무리한 후에 나에게 남은 마음의 문제는 단 하나, 시댁이었다. 구박받던 엄마의 결혼 생활을 보며 생긴 시댁에 대한 부정적인 감정들이 문제였다. 그런데 하나님은 이 또한 새로운 방법으로 시원하게 해결해 주셨다.

상견례 이후 어느 날이었다. 은성 씨 사역이 마무리되는 시간에 맞춰 내가 은성 씨가 있는 근처로 갔다. 어느새 시간은 밤 9시가 넘어갔다. 그날은 둘 다 너무 바빠서 저녁도 먹지 못해 너무나 배가 고팠다. 그때 은성 씨가 시간도 늦었는데, 자신의 본가가 근처니 가서 밥을 먹고 가자고 했다. 늦은 시간에 얼마 전 상견례를 마친 예비 시부모님의 댁에 가는 것이 선뜻 받아들여지지 않았다. 하지만 또 근처인데 안 가는 것도 이상해서 알겠다고 하고 시부모님 댁에 방문했다. 집에 도착하자 맛있는 냄새가 진동을 했다. 어머니께서 정말 말 그대로 상다리가 부서질 정도로 음식을 가득 차려 주셨다. 밥상 앞에 앉는 순간 왈칵 눈물이 쏟아지려고 했다. 밥상을 보니 늦은 밤 촬영이 끝나고 온 딸에게 진수성찬으로 밥을 차려 주던 우리 엄마가 떠올랐다. 시부모님들 앞에서 눈물을 쏟을 수는 없으니 나는 꾸역꾸역 눈물을 참고 밥을 먹었다. 엄마의 밥상. 사랑하는 자녀를 위해서는 뭐 하나라도 더 해 주고 싶은 마음. 밤 10시의 밥상을 보자 나는 엄마의 마음이 다시 떠올랐다.

"어머니가 차려 주신 밥을 먹는데, 옛날에 엄마 살아 계셨을 때가 생각이 났어요. 늦은 밤 촬영을 마치고 돌아가면 새벽이건, 저녁이건 항상 밥을 차려 놓고 기다리던 엄마의 모습이 떠올랐어요. 어머니를 보니 엄마 생각이 많이 나요. 너무 감사해요."

은성 씨의 차를 타고 집으로 돌아가는 길, 어머니께 문자를 보냈다.

"정화야, 나도 내가 서른 살이 되던 해에 우리 엄마가 돌아가셨어. 네 마음이 어떤지 너무 잘 알아. 너무 힘들지? 이제는 나를 어머니라고 부르지 말고 엄마라고 불러. 내가 정화의 엄마가 되어 줄게."

눈물이 뚝뚝 흘렀다. 참을 수가 없었다. 그냥 쏟아지는 눈물과 함께 나의 많은 순간이 함께 흘러내렸다. 너무 보고 싶은 엄마가 흘렀고, 홀로 참아 내던 무수한 나의 밤이 흘렀다. 어머니는 진심으로 나의 엄마가 되어 주셨다. 내 인생에서 다시는 엄마라는 단어가 나올 일은 없겠구나 생각했는데, 두 번째 엄마가 나를 찾아와 주었다. 나는 그날 이후로 시어머니를 엄마라고 부른다. 단 한 번도 어머니라고 부른 적이 없다. 우리 엄마는 나를 지금까지도 막내딸이라고 불러 주신다. 나는 참 복도 많다. 명절에도 뭘 해 가야 할지, 뭐가 필요하신지 여쭈면 딸은 가만히 있는 거라며 아무것도 못하게 하시는 우리 엄마다. 시누이 형님들도 편하게 나를 정화라고 부르시고, 나도 형님이 아니라 언니라고 부른다. 시댁이 아니라 나의 친정이다. 은성 씨가 나를 꼬실 때 하던 말이 사실이었다. 정말 좋은 부모님과 누나를 둔 사람이 맞았다.

결혼을 통해 나의 모든 것이 깨졌다. 고민도 걱정도, 기도 제목도 모두 부서졌다. 아빠가 하나님을 만나게 되었고, 부정적으로만 생각했던 시댁이 나의 진정한 가족이 되었다. 하나님은 결혼을 통해 우리 가정에 큰 복을 주셨다. 바로 화목과 행복이라는 복이다.

그렇다고 우리가 다투지 않는 것은 아니다. 모든 것이 다 잘 맞을 수는 없다. 하지만 잘 맞추려고 할 때, 서로의 마음과 노력을 봐 줄 때 진짜 화목해질 수 있다. 상대의 부족함을 내가 채울 수 있음에 감사하며 사는 지금이 너무 행복하다. 그리고 내가 차에서 엄마 카톡을 읽으며 울 때 옆에서 자신이 뭐라도 잘못해서 내가 속상해서 우는 것은 아닐지 전전긍긍 눈치를 보며 괜찮냐고 물어보던 그날의 은성 씨 모습이 아직도 기억이 난다. 아무래도 우리 가정의 화목함의 비결은 하나님의 은혜와 은성 씨의 다정함 덕분이다.

—
결혼식을 준비하는 우리

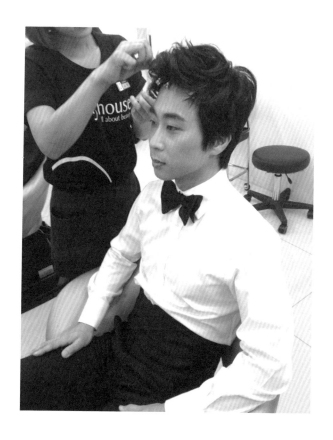

04

아인슈페너 *Einspänner*

추위를 이기고자 마시던 커피,
부모가 되기 위해서는 힘이 필요하다

아인슈페너Einspänner는 비엔나 커피 Cafe Vienna라고도 불리며, 아메리카노 위에 휘핑크림을 얹은 음료를 말한다. 오스트리아 빈의 마부들이 추위를 이기고자 크림과 설탕을 얹은 커피를 마신 것에서 유래했다고 한다. 달달한 크림과 향긋한 커피가 조화를 통해 피곤함을 풀고 다시 힘을 얻게 되는 아인슈페너는 자녀를 닮았다.

아메리카노가 된 우리에게 자녀라는 달콤한 크림이 얹어졌다. 자녀를 키우기 위해서는 힘이 필요한데, 또 신기하게 자녀를 통해 되려 힘을 얻는다. 이 신비한 자녀의 힘은 세상의 그 어떤 추위도 이기게 한다. 우리 아이들 유화, 유별 그리고 우리 가정의 이야기를 나누어 보고자 한다.

내가 아이에게 반드시 물려주어야 할 것은 신앙이다. 나는 신앙을 아이 인생의 안전벨트로 물려주고 싶다.

유은성·김정화의 처음과 끝, 유화

유은성

    현재 초등학교 3학년인 우리 가족의 첫째 유화는 유은성의 '유', 김정화의 '화', 우리의 처음과 끝이 되어 주길 바라는 마음의 뜻을 담아 그 이름을 지었다. 우리 유화는 어렸을 때부터 자기주장이 강하고 개성이 강한 아이다. 개구쟁이에 적극적이며 활달한 성격과 외모는 나를 빼다 박았고, 식

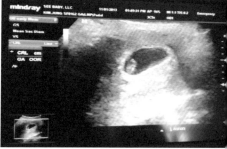

성과 체형을 비롯한 나머지는 전부 정화 씨를 닮았다. 그냥 머리부터 발끝까지 어린 유은성, 그 자체가 바로 우리 유화다. 자기주장이 강한 이 개구쟁이 소년이 그럼에도 엄마, 아빠 말에 잘 따라 주는 것을 보면 참 기특하기만 하다. 이 세상에 나와 닮은 생명체가 있다는 일이 얼마나 감사한 일인지, 존재 자체만으로도 벅차는 사랑의 감정을 느낄 수 있는 대상이 있다는 것이 얼마나 뜨거운 일인지, 유화를 통해 배우게 된다.

우리 유화는 책을 참 좋아한다. 성경, 만화, 동화, 청소년 소설 등 가리지 않고 모든 책을 다 읽는다. 책을 읽는 것의 중요성을 어렸을 때부터 수차례 강조해서 그런 것인지, 다

아이다호에서 준비해 주신 깜짝 베이비 샤워

른 건 몰라도 책은 다 사 주겠다고 약속을 해서인지 모르겠지만 유난히 책과 이야기를 좋아한다. 애초에 타고난 유화의 성향인 것 같기도 하다. 유화는 특히나 이야기에 아주 깊은 관심을 보인다. 너무 기특한 일이지만, 우리 부부는 유화에게 책 때문에 잔소리를 많이 한다. 여기저기 책을 널브러트려 놓는 것은 기본이고, 무슨 일을 하다 말고 갑자기 앉아 책을 읽는 일이 잦다. 심지어는 샤워를 하러 들어가서 샤워 부스에서 책을 보고 있기도 하고, 화장실에서 용변을 볼 때도, 머리를 말릴 때도, 밥을 먹을 때도 눈과 손에서 책을 잘 떼려고 하질 않는다.

한번은 이런 일이 있었다. 유화가 방금 읽었던 포켓몬스터 만화책 이야기를 하기 시작했다. 포켓몬 이름을 줄줄 외우다가 그 많은 포켓몬을 지은 신이 아르세우스라는 포켓몬이라며 나에게 장황하게 설명을 해 주었다. 신나서 설명하는 유화의 모습을 보다 문득 유화가 성경에 대해서는 얼마나 알고 있는지 궁금해졌다.

"유화야, 그 포켓몬에 대해 어떻게 그렇게 잘 알게 되었어?"

"책을 보면 다 알 수 있어요!"

"그럼, 예수님의 열두 제자 이름 혹시 알아? 신명기가 구약에 있는지, 신약에 있는지는 알아?"

유화는 잘 모르겠다고 대답을 했다. 이때 나는 한 가지를 깨달았다. 교육의 기본은 하나님을 아는 것이다. 아이가 이 세상의 많은 지식을 알아도 하나님에 대한 앎이 없으면 무용지물이다. 부모가 아이에게 물려주어야 할 것은 신앙이다. 그리고 물려줄 수 있는 것도 신앙밖에 없다. 신앙을 아이 인생의 안전벨트로 물려주고 싶다. 이를 위해서는 말씀을 더 알게 해야 한다. 이번 여름 방학에 우리 부부는 유화에게 어린이 성경 시리즈 세 권을 사 주며 이걸 다 읽으면 남은 방학 동안 원하는 대로 놀게 해 주겠다는 약속을 하여, 아이가 성경에 흥미를 가지고 더욱 알게 하도록 했다. 워낙 책을 좋아하는 유화는 방학을 시작하고 3일 만에 책을 다 읽었다. 더욱 신기한 것은 유화가 숙제로 생각

2014년 6월 13일, 우리 첫째 유화

하지 않고, 하나님 이야기에 관심을 가지고, 모르는 것은 물어봐 가며 성경 속 사건을 혼자서 이해하고 받아들이기 시작했다는 것이다. 그렇게 유화는 3일 만에 성경을 다 읽고 방학을 아주 알차게 놀았다. 아무래도 우리가 유화에게 딱 맞는 방법을 제시했던 것 같다. 아마 이 방법을 우리 둘째 별이에게 한다면 절대로 불가능했을 것이다. 아이의 특성을 알고 아이의 성향에 맞춰 적절하게 하나님을 알려 주고 교육하는 것이 중요함을 느꼈다. 우리는 매 방학 때마다 이 방법으로 조금씩 유화가 성경 읽기의 중요성을 깨닫고 그 즐거움을 알도록 해 주고자 한다. 우리 아이의 삶 속에 오직 하나님이 중심으로 서 계시기를, 하나님을 중심으로 이 세상을 살아갈 수 있도록, 그 방법을 여러 갈래로 제시하는 부모가 되고 싶다.

별이 첫돌 기념 사진

나누는 삶의 기쁨을 아이들이 인
생의 자세로 가져가길 날마다 기
도한다.

동방의 별 다윗과 같이 자라길, 유별

김정화

우리 별이는 정말 나를 쏙 닮았다. 나의 어린 시절 사진과 비교해 보면 누가 봐도 딱 내 아들이다. 신중하고 고민이 많아 매사에 조심하는 별이는 뭐든지 혼자해야 하는 성격마저 나와 닮았다. 이렇게 말하고 보니 첫째 유화랑은 또 어쩜 이렇게 다른 건지, 나에게 나온 두 아이가 이렇게 다른 것마저 참 신기하다. 엉뚱하고 귀여움이 뚝뚝 묻어나는 별이의 이름은 유화가 외자이니 별이도 외자로 짓고 싶어 고민을 하다, 시부모님께서 다윗이 동방의 별이었으니 다윗처럼 자라길 바라는 마음으로 '별'로 짓

왼쪽이 나고, 오른쪽이 별이다. 누가 봐도 내 아들이다

자고 말씀하셔서서 짓게 되었다.

매사에 신중한 별이는 이상하게 형한테만큼은 조심스럽지가 않다. 매번 어찌나 형을 이기려 드는지 유화도 어린 동생을 봐주려고 조심하다가도 자꾸 까부니 가끔 둘이서 몸싸움을 벌일 때가 있다. 한번은 안 되겠다 싶어서 둘이서 서열 정리를 하도록 모른 척을 한 적이 있다.

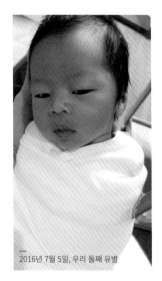
2016년 7월 5일, 우리 둘째 유별

그러다 유화가 별이를 가볍게 툭 밀쳐 내자 나동그라진 별이가 형의 힘에 깜짝 놀라 엉엉 운 적이 있다. 그 모습이 어찌나 귀엽던지 웃으며 달래 줬던 기억이 있다. 그리고 나서 잠잠한가 싶었는데, 지금은 또다시 형에게 까불면서 지내고 있다.

현재 초등학교 1학년인 별이는 지금보다 더 어렸을 때 3년 동안 머리카락을 길러 소아암 어린이들을 위해 모발 기부를 한 적이 있다. 소아암에 걸린 아이들은 치료를 받으며 머리카락이 빠져서 가발이 필요한데, 당시 유화는 파마를 했었고, 나나 은성 씨는 염색을 하던 중이라 머리를 기부할 수가 없었다. 그래서 우리 가족을 대표해서 별이가 머리카락를 길러 기부를 했다. 당시 뭣도 모르고 길렀을 별이었지만, 그때의 기억이 좋은지, 지금도 다시 길러서 기부하고 싶다는 마음을 내비친다. 참 감사하다. 우리 부부가 두 아이를 양육하며 가장 중요하게 생각하는 가치는 나눔이다. 가지고 있는 것에 감사할 줄 알고 주위의 사람과 나눌 줄 알기를 소망하며 아이들을 양육하고 있다.

지난 5월, 우리 가족은 케냐에서 초청을 받아 아프리카에 다녀왔다. 일정을 마무리하고 나서는 우간다로 가서 우리 딸 아그네스를 만났다. 결혼한 아그네스와 그동안의 그리움을 달랜 후 함께 결혼식을 올리기도 하고, 아그네스의 신혼집을 방문하기도 했다. 아그네스의 집은 그 마을에서 가장 좋은 집이었다. 잔뜩 기대한 우리 두 아들은 아그네스의 집을 보고 적잖이 놀라 했다. 사실 아그네스의 집은 5평 남짓으로, 본인이 일을 하는 재봉 일터와 함께 있어 좁디좁았다. 우리는 혹여나 아이들이 우간다 사람들의 어려운 형편을 우리의 상황과 비교하여 '우리가 훨씬 낫네' 하며 단순히 현실을 비교하며 감사해할까 봐 걱정이 되긴 했다. 나

아인슈페너 Einspanner

180
—
181

는 유화와 별이가 우리가 가지고 있는 것에 대해 다시금 생각해 보고 감사해하며 무엇을 함께 나눌 수 있을지를 깨닫기를 바랐다. 감사하게도 우리의 두 아들은 많은 것을 깨달은 듯 보였다. 우간다에 가기 전, 유화와 별이는 그동안 열심히 모아온 용돈 전부(별이는 조금 남겼다)를 흔쾌히 나에게 주어 그 돈으로 우간다 마을을 위한 간식을 사서 함께 포장했다. 유화와 별이는 우리가 함께 나눈 이 일이 얼마나 가치 있는 일인지를 몸소 느낀 듯하다. 나누는 삶의 기쁨을 아이들이 인생의 자세로 새기길 날마다 기도하고 있다.

아이들의 용돈 기부로 산 비타민과 과자로 간식 꾸러미를 만들었다

하나님은 참 기도도 잘 들어주신다. 그래서인지 우리 아이들은 요즘 용돈을 주면 그렇게 모르는 친구들까지 다 뭘 사 주고 돌아온다. 그러고 나서는 돈이 없다고 다시 용돈을 달라고 한다. 모르는 사람을 왜 사 주고 오냐고 혼내기도 하지만, 한편으로는 너무 잘하고 있다고 생각한다. 나눠 주면 계속 나누는 삶을 살게 되는 법이니까. 요즘의 시대에 너무 필요한 가치가 아닐까 생각한다. 외롭고 힘들수록 마음과 가진 모든 것을 넉넉하게 나누는 우리 아이들이 되었으면 좋겠다.

— 아그네스를 위해 염소를 구매했다

케냐 바링고 에벤에셀 학교 아이들과

우리는 무책임한 부모가 되기로 했다. 하나님께 아이들을 맡기기로 했다.

무책임한 부모가 되자

유은성

　신앙을 아이들 인생의 안전벨트로 만들어 주기 위해서
가장 필요한 것은 신앙을 자주 접하게 하고 예배를 가장 즐
거운 것으로 만들어 주는 일이라고 생각한다. 우리는 아이
들에게 주일이 가장 즐거운 날이 되도록 힘썼다. 가령, 평
일에는 TV를 보지 않고 오직 주일 예배 후에 보도록 하고,
닌텐도와 같은 게임도 오직 주일만 할 수 있도록 한다. 주
일엔 예배를 드리고 이후의 시간에 엄마, 아빠와 함께 즐겁
게 놀 수 있는 날, 즐거운 날이라는 인식을 심어 주고자 지
금도 노력하고 있다. 그리고 이왕 미디어 콘텐츠를 보아야
한다면 되도록 신앙적인 영상을 보여 주고, 만화를 보아야
한다면 기독교 만화를 보게 하는 식으로, 기독교적 가치관
이 삶에 닿을 수 있도록 노력하고 있다.
　그리고 예배 후에 우리는 오늘 어떤 설교를 들었는지 나

누려 한다. 내가 아이들에게 예배 말씀이 무엇이었는지 물으면 아주 경쟁적으로 서로 대답하려 한다. 산만한 아이들이 갑자기 스스로 설교를 되새김하며 서로의 이야기를 듣고 다시금 정리를 한다. 헌금의 경우도 용돈에서 십일조를 할 수 있도록 하고 있다. 첫째 유화는 5,000원에서 500원을, 둘째 유별이는 3,000원에서 300원을 꼭 할 수 있도록 한다. 아이들이 용돈을 받는 날, 용돈을 보관해 두는 선반 위에 십일조를 떼어 헌금할 수 있도록 돈을 모으게 한다. 어렸을 때부터 확실하게 물질에 대해 교육하고 싶다. 왜 십일조를 해야 하는지 설명을 반드시 해 주어 이해할 수 있도록 매번

—
집 앞 공원 나들이

돕기도 하지만, 지금 어린 나이부터 십일조를 당연하게 여기도록 훈련이 되면, 성인이 되었을 때 훨씬 더 신앙적으로 흔들리지 않고 하나님 앞에 예물을 드릴 수 있을 것이기 때문이다.

우리가 이렇게 아이들의 신앙에 주의를 기울이고 노력하는 것은 하나님이 당연한 분임을 아이들이 알기를 바라기 때문이다. 하나님은 당연한 분이다. 머리로 이해해야 하고 설명되어야 함도 중요하지만, 하나님은 당연히 살아 계시고, 당연히 우리와 함께하시는 분이라는 걸 생활을 통해 알게 하는 것이 우리 부부 교육의 방침이다.

—
별이 백일 기념 가족사진

생각해 보면 우리는 무책임한 부모다. 언젠가 정화 씨와 이런 이야기를 한 적이 있다. 대체로 부모들이 모이면 자녀 자랑을 시작한다. '10개월에 아이가 걸었다', '25개월에 기저귀를 뗐다', '6살에 한글을 뗐다', '아이가 이번에 명문 대학교에 진학을 했다' 등 우리 주변에서 흔하게 듣는 자랑이다. 하지만 10개월 짜리 아이가 자기가 10개월 만에 걸었다고 자랑하는 것을 본 적이 있는가? 아이들이 자기 자랑을 하기 시작하는 것도 다 부모가 하는 것을 아이들이 보고 배워서 그런 것이다. 이 모든 것이 부모의 자랑이지 아이들의 자랑이 아니다. 최근에야 나도 이 사실을 깨닫고 하나님 앞에 회개했다. 순리대로 살다 보면 아이가 일어나 걷고, 기저귀를 떼고, 한글도 읽게 되는 때가 온다. 그러니 아이들이 하나님의 자랑이 되도록 키워야 함을 깨달았다. 사실 우리 아이들 주위에 많은 부모가 아이를 교육시키고자 벌써 많은 교육에 힘쓰고 있다. 우리도 물론 교육에 대해 많이 고민하고 많이 다투었다. 그럼에도 이제는 안다. 중요한 것은 신앙이다. 아이에게 뭘 시키기는 참 쉽다. 하지만 이 부분을 내려놓는 것이 너무 어렵다.

　　우리는 무책임한 부모가 되기로 했다. 하나님께 아이들

을 맡기기로 했다. 하나님이 책임져 주심을 믿고 나아가기로 했다. 우리는 하나님께서 이 아이들을 양육해 주심을 믿고 무책임해지기로 했다. 이렇게 말하면서도 참 내려놓기가 어렵다. 매 순간 고군분투의 연속이다.

리마인드 웨딩 촬영, 사랑하는 우리 가족

어떠한 마음도 솔직하게 말할 수 있는 가족이 자신의 곁에 있음을 항상 기억하며 이 세상을 살아갔으면 좋겠다.

우리 가족만의 약속, 가족회의

김정화

SBS 예능 프로그램 〈동상이몽 2: 너는 내 운명〉을 촬영하면서 우리 가족이 가족회의를 하는 모습이 담겼는데, 많은 분이 그 모습이 인상적이었다고 말씀해 주셨다. 사실 특별할 것도 없다. 남자아이만 둘이다 보니, 점점 성장하면서 부모와 대화를 안 하게 되면 어쩌나 걱정이 되어 가족의 속마음을 공유하는 시간을 만든 것이 지금까지 이어진 것이다. 첫째 유화가 옹알이를 할 때부터 시작했던 것이 지금까지 이어져 오고 있다. 최소 일주일에 세 번은 아이들과 진솔하게 이야기하고자 만든 가족회의를 지금은 아이들이 더 좋아한다. 가족회의 규칙은 다음과 같다.

첫째, 오늘 하나님께 감사하고 좋았던 것 나누기

둘째, 속상하거나 힘들었던 것 말하기

셋째, 서로에게 건의 사항 말하기

넷째, 다 같이 누워서 손잡고 기도하고 잠들기

여기에 거짓말은 절대 용납할 수 없다. '솔직하게'가 가족회의의 핵심이다. 사실 생각해 보면 말이 가족회의지 본질은 가정예배다. 오늘 하루 하나님께, 부모님께, 자녀에게 감사했던 일, 좋았던 일, 힘들었거나, 속상했던 일을 한 명씩 돌아가면서 이야기를 한다. 그리고 서로 하루를 되짚어 보면서 반성을 하고, 건의를 통해 서로 고쳐 나가는 시간을 가진다. 그리고 마지막으로 다 같이 손을 잡고 한 사람씩

별이 첫돌 기념 가족사진

돌아가며 기도로 마무리하는 이 순간이 예배다. 은성 씨는 목회자 자녀로 살아오며 일주일 동안 너무 많은 예배를 드리며 살았다고 한다. 그때 드렸던 예배가 지금의 모습을 만든 믿음의 씨앗이 되어 주었음을 알기에 지금에야 그 순간이 감사하지만, 어렸을 때는 너무 싫었다고 한다. 그래서 우리 부부는 예배에 대한 부정적인 감정을 아이들에게 심어 주고 싶지 않았다. 가족회의를 통해 자연스럽게 서로에 대해 이야기하며 하나님의 마음과 섭리를 알려 주고 싶었다. 행복하고 즐거운 하나님만을 기억하게 해 주고 싶었는데, 가족회의를 통해 대 성공을 했다. 처음엔 말도 못하던 아이가 어느 순간 자라서 가족회의를 하며 '하나님'이라는 단어를 처음으로 터트렸을 때 얼마나 기뻤는지 모른다. 기도도 제대로 못하던 아이가 가족을 위해 기도하고 사랑을 표현할 때의 그 기쁨을 어떻게 설명할 수 있을까.

모든 가정에 추천하고 싶다. 사랑하는 엄마 아빠에게 자신들의 진솔한 마음을 표현하는 시간이자 엄마 아빠의 마음을 듣는 시간은 아이들에게 사랑을 잔뜩 표현할 수 있는 시간이다. 씻지도 않고 뒹굴거리는 유화에게 "얼른 씻고 가족회의 하자!"라고 하면 재빠르게 가서 씻고 온다. 별이는 내가 너무 피곤해 먼저 누워 있으면, "엄마, 오늘 가족회의 하기로 한 날이잖아요! 주무시면 안 돼요!"라고 소리치며 나를 깨운다. 이처럼 진정으로 가족이 모여 마음을 나누는 순간이 귀하기만 하다. 언젠가 이 순간이 아이들에게 귀한 양분이 되었으면 좋겠다. 어떠한 마음도 솔직하게 말할 수 있는 가족이 자신의 곁에 있음을 항상 기억하며 이 세상을

— 케냐 나이로비 사파리 호텔에서

살아갔으면 좋겠다. 이 세상을 살아가기 위한 든든한 비빌
언덕이 곁에 있음을 기억해 주길 간절히 소망해 본다.

우리 가족 완전체 완성! 사랑하는 딸과 사위도 함께

"육아의 어려움을 하나님이 모르시지 않을 거예요. 오히려 하나님은 '내 새끼 정화 힘들지? 내가 어떻게 도와줄까? 내가 무얼 해 주면 될까?' 말씀하시지 않을까요?"

육아, 참 어려운 이름

김정화

아이를 낳고 양육하는 지금의 순간을 그 어떤 기쁨과도 비교할 수 없다. 하지만 육아를 하며 어렵고 힘든 순간은 늘 존재한다. 나에게도 그런 순간이 있었다. 사실 첫째 유화를 낳고 기를 때는 마냥 신기하고 새롭기만 했다. 그런데 갑자기 예상치 못하게 2년 터울로 둘째 별이가 태어나면서

부터 살짝 힘에 부쳤다. 은성 씨가 육아를 함께해 주어서 사실 함께 있을 때는 어렵지 않았으나, 은성 씨가 일에 간다든지, 매 주일 사역을 하느라 함께할 수 없을 때는 정말 힘에 부쳤다. 특히 은성 씨 없이 아이 둘을 데리고 교회에 나가 예배를 드리는 일이 너무 힘들었다.

사랑받아 마땅한 아기 유화

어느 날, 유아실에서 아이들과 예배를 드리고 있는데, 마음이 그날 따라 더욱 힘들었다. 엎친 데 덮친 격으로 아이들이 갑자기 이리저리 날아다니고 서로 소리를 지르며 고래고래 울자 내가 지금 뭘하고 있는 건지 모르겠다는 생각이 들었다. 예배를 드리는 것도 아니고, 괜히 집 밖으로 나와서 고된 육아를 사서 하고 있는 것만 같았다. 아마도 많은 양육자가 나처럼 힘들어했을 것이고, 힘들어하고 있을 것이다. 그날 저녁 집에 돌아온 은성 씨에게 내 마음을 이야기했다. 집에서 내가 애들을 보나, 교회에서 애들을 보나 뭐가 의미 있는 건지 모르겠다고 푸념과 눈물을 쏟자 남편은 한참을 나를 달래 주고 위로하다가 진지하게 나를 바라보더니 말했다.

"그런데요. 여보, 우리가 보기에는 정말 다를 것이 하나도 없겠지만, 하나님이 보시기엔 다를 것 같아요. 힘듦에도 불구하고 예배당에 나와서 자리를 지키는 자녀를 하나님이 어떻게 보실까요? 하나님이 보시기에 당신이 얼마나 귀할까요? 그 육아의 어려움을 하나님이 모르시지 않을 거예요. 오히려 하나님은 '내 새끼 정화 힘들지? 내가 어떻게 도와줄까? 내가 무얼 해 주면 될까?' 말씀하시지 않을까요? 나도 우리

아인슈페너 Einspanner

유화, 별이가 힘들어하면 어떻게든 도와주려 할 텐데, 하나님도 그러시지 않을까요?"

　고민 끝에 조심스럽게 이야기하는 은성 씨의 말이 맞았다. 나도 우리 유화와 별이가 힘들어하면 어떻게든 아이들의 힘듦을 이해하고 도우려 할 것이다. 그동안 하나님도 힘들어하는 나를 보며 어떻게든 돕고자 애쓰고 계셨음이 느껴졌다. 힘들수록 더욱 하나님께 예배하러 나아가야 하는 이유를 알게 되었다. 배우로서 내 일도 잠시 멈추고 온전히 육아에만 전념하는 이 상황도 하나님이 주신 것이고, 다 이유가 있을 것이라는 생각이 들었다. 지금의 이 순간이 내가 아이들을 두고 나가 일하는 것보다 몇 배, 몇십 배, 몇백 배의 가치가 있는 일이라는 생각이 들었고, 아이를 잘 양육하는 것을 하나님이 더욱 기뻐하실 것만 같았다. 단순히 시련처럼 느껴지는 이 시간을 통해서도 하나님은 일하신다.
　여기서 생각이 조금 더 넓어졌다. 내가 지금 힘들다는 이유로 아이들을 과소평가하고 있음을 깨달았다. '이렇게 장난꾸러기여서 어떡하지', '이렇게 가만히 있지를 못해서 어떡하지', 더 크게는 '아이가 없었으면 나는 조금 더 편하게 살았을 텐데' 하는 생각들 모두가 아이들을 과소평가하고 있어서 그런 것이라는 생각이 들었다. 하나님이 아이들을 어떻게 사용하실지 그 누구도 알 수 없다. 어마어마한 잠재력을 지닌 나의 자녀가 내 양육을 통해 어떤 사람으로 자랄지 모른다. 그렇기에 양육의 태도가 정말 중요하다. 우리는 아이들을 과대평가해서 키우기로 마음 먹었다. 정말 대단한 아이가 될 내 자녀. 하나님의 놀라우신 계획 안에서 무럭무럭 자랄 내 자녀라고 생각하자 태도의 변화가 생겼다. 힘들고 지치는 순간이 찾아오더라도 그럼에도 하나님께 의지하며 아이들과 함께 나아갈 수 있게 되었다.

연애할 땐 연애가 제일 힘들다고 생각했고, 결혼해서는 결혼이, 자녀를 낳고는 자녀를 양육하는 것이 가장 어렵다고 생각했다. 내가 처한 상황은 늘 가장 어렵고 어려웠다. 그런데 돌이켜 생각을 해 보면 달라진다. 과거를 생각해 보면 그때가 좋았다. 연애할 때가 행복했고, 신혼이 행복했다. 그렇다면 지금도 분명 나중에 돌이켜보면 행복한 순간일 것이다. 그러니 이제 나는 지금이 너무 힘들다고 전전긍긍하지는 않는다. 자녀에게 힘이 되어 줄 수 있는 지금이 참 기쁘다. 어차피 시간이 지날수록 아이들은 자연스레 점차 부모를 찾지 않을 테니 나는 지금 이 순간을 행복하게 보내고 있다. 결국 하나님이 다 이끌어 주셨음을 고백할 수밖에 없다. 앞으로도 이끌어 주실 하나님을 나는 믿는다.

아 참, 이 말을 꼭 하고 싶다. 남편과 둘이었을 땐 세상에서 가장 사랑하는 사람이 하나였는데, 엄마가 되니 셋으로 늘어나게 되었다. 이제는 이 세 남자가 없으면 정말 안 될 것 같다. 사실 이 말은 은성 씨가 한 말이지만, 오늘은 꼭 내가 말해야겠다. 사랑해요.

05.

아포가토 *Affogato*

첫입은 쓰다 하지만
달고 시원한 아이스크림이 기다리고 있다

아포가토Affogato는 아이스크림 위에 진한 에스프레소를 얹어 내는 디저트다. 쌉싸래하고 뜨거운 에스프레소의 맛 뒤로 밀려오는 아이스크림의 시원함과 달콤함은 상반된 두 가지가 합쳐지며 조화를 이루는 매력적인 합을 만든다. 첫입은 뜨겁고 쓰게, 하지만 이내 찾아오는 달콤함과 시원함은 신선한 재미를 준다.

우리의 삶도 이와 비슷하다. 뜨겁고 쓰디쓴 삶의 모양이 있다면, 또 시원하고 달콤한 삶의 모양도 있다. 삶에는 굴곡이 있어 그 모양이 아름다운 법이다. 갑자기 찾아온 뇌종양이라는 뜨거운 굴곡이 우리 가정에 어떤 시원함과 달콤함을 가져다줄지 기대가 된다. 부디 나의 이야기가 아픔이 아닌 하나님의 은혜에 대한 간증이자 자랑이 되었으면 좋겠다.

두려움 속에서도 우리에게 희망을 선사해 주실 하나님의 은혜를 믿으며 한 걸음 한 걸음 조금씩 나아가기로 했다.

갑자기 시작된 두통

유은성

이제는 하나님이 인도하시는 탄탄대로의 삶을 걷는 듯하던 우리 가정에 갑자기 다시 큰 사건이 벌어졌다. 2022년 9월 말, 갑작스러운 두통이 일주일 정도 지속됐다. 평소에 잘 아프지 않던 나였기에, 그냥 하루 이틀 앓고 끝낼 감기 두통 정도로 생각했는데, 두통이 일주일 동안 사라지지 않았다. 감기약을 먹어도 도통 낫지 않고 두통이 더 심해지길래 결국 알고 지내던 건강검진센터 원장님께 전화를 드렸다. 눈도 침침한 것 같고, 두통도 지속되는데, 이게 혹시 나이로 인한 노화 증상인 건지, 아니면 정말 문제가 있는 건지 모르겠다고 말씀을 드리자, 원장님은 검진을 하지 않고서는 알 수 없으니 검진을 한번 받았으면 좋겠다고 하셨다.

최대한 빠르게 날을 잡고 병원에 가서 검진을 받았다. 2주 뒤에 결과가 나올 것이라는 안내를 받고, 다시 나는 일상으로 복귀했다. 5일쯤 지났나, CBS의 〈올포원〉 방송 녹화를 마치고 집에 들어가는데 건강검진센터에서 전화가 왔다. 번호를 보자마자 안 좋은 예감이 들었다.

"전도사님, 건강검진센터입니다. 내일 병원에 나오실 수 있으신가요?"

분명 내일은 휴무일이었다. 그런데도 나오라는 게 이상해서 이유를 묻자, 원장님이 내일 직접 만나 설명해 주기로 하셨다면서, 가급적 혼자서 건강검진센터에 방문해 주길 요청하셨다. 그때까지도 그냥 무슨 일인가 싶었다. 별일이야 있을까 싶었지만 궁금해서 간호사 선생님께 물어보았다.

"혹시 뭐가 발견된 건가요?"
"네, 그렇습니다."
"어디에서요?"
"뇌에서 발견이 되었습니다."

그때 내가 어떤 마음이었는지 기억이 나지 않는다. 그냥 집에 돌아가서 정화 씨에게 들은 그대로를 전한 것만 기억이 난다. 내가 혼자 다녀와 보겠다고 하자 정화 씨는 혼자는 절대로 못 보내겠으니 무조건 같이 가겠다고 해서 결국 둘이 같이 가기로 했다. 다음 날, 병원에 갔더니 원장님은 이전 날 신경과 교수님과 이야기를 나누며 정리한 소견을 직접 이야기해 주고자 대면을 요청하신 것이라며 말을 이어 가셨다.

"은성 씨, 우측 전두엽 부위에 뇌 신경의 교질화가 일어난 저등급 신경교종이 보여요."

하나도 알아들을 수가 없었다. 하지만 뭔가 큰일이 일어났음은 직감할 수 있었다. 원장님은 일단 최대한 빠르게 큰 병원 검진을 예약해야 할 것 같다고 하셨다. 이어 보여 주신 뇌 MRI 영상에는 뇌에 안개꽃처럼 생긴 것 여러 개가 피어 있는 것이 보였다.

"심각한 건가요?"

"아직은 확실하게 판단할 수는 없어요. 의심이 되니, 일단 큰 병원에서 다시 검진을 해 보시죠."

집 근처에 인하대병원이 있어 바로 예약을 했다. 그러자 2개월 뒤로 검사가 잡혔다. 그렇게 병원을 나와 집으로 오는 길에 불현듯 평소에 친하게 지내는 동네 이웃인 의사 동생이 생각이 나서 전화를 했다.

"우측 전두엽 부위에 뇌신경의 교질화로 인한 저등급 신경교종이 있는 것 같다는 소견이 무슨 말이야?"

"누가 그래요? 누가요?"

"내가 그렇대."

살짝의 정적이 흐르고 동생은 말을 이어 갔다.

"형, 제가 형 옆에서 오랫동안 지켜봤잖아요. 형 괜찮을 거예요."

"그럼 인하대병원 검진 예약한 거 취소해도 될까?"

"형, 그건 가셔야 해요. 검사는 받아 보셔요. 그리고 심각한 건 아니니까 걱정하지 마시고, 네이버에 괜히 검색하지 마세요! 가짜뉴스 같은 게 많아서 걱정만 하실 거예요."

전화를 끊고 정화 씨와 이야기를 하다 검색을 했다. 그래도 의사 동생의 말을 듣고 네이버가 아닌 다음에서 검색을 했다. '저등급 신경교종'을 검색해 설명을 보니 일명 '뇌암'이라고 불리는 것이었다. 뇌는 전이가 잘 안 돼서 단지 뇌암이 아니라 뇌종양이라고 부르는 것이라고 했다. 그리고 저등급 신경교종이란, 암세포가 천천히 서서히 자라는 것을 의미하는 거였다. 정말 눈앞이 잠시 하얘지는 것 같았다. 그래도 나는 정신을 바짝 차리고 아내에게 2개월 뒤 초진 이후 확진 판정을 받기 전까진 사람들에게 알리지 말자고 약속을 했다. 그리고 그 두 달 동안 둘이서만 알고 하나님께 기도하자고 말했다.

2개월이 흐르고 인하대병원에 가서 이전에 찍었던 MRI를 제출하자 똑같은 소견을 들었다. 다만 입원하여 정밀 검진을 3일 정도 받자고 해서 알겠다고 하고 또 2주 뒤로 검진 예약을 했다. 일정을 잡으면서부터 벌써 지치는 것만 같았다. 어떻게 해야 할지 막막하고, 이 소식을 또 어떻게 전해야 하나 머리와 마음이 어려워지기 시작했다. 정화 씨는 이제 사람들에게 중보 기도를 요청해야 할 것 같다며 소식을 전하자고 했다. 나는 알겠다고 대답을 하고 아버지에게 가장 먼저 전화를 해 내 상태를 말씀드렸다. 아버지는 아무 대답도 없으셨고, 그렇게 전화는 끊겼다. 며칠 후, 어머니에게 메시지가 왔다. 내 소식을 들은 후로 며칠 동안 회개를 많이 하셨다는 이야기였다. 담임목사의 사모로 지내는 동안 여러 성도가 어려움과 아픔을 가지고 기도를 요청했지만, 그때마다 '하나님께 맡기자', '같이 기도할 테니 힘내자'와 같은 말을 너무 쉽게 했었던 같아 회개하게 되었다고 하셨다. 정작 내 아들이 뇌종양이라는 말을 듣자 아무 기도도 나오지 않고, 일상생활도 할 수 없었다고 하셨다. 고통 속에 있었을 성도들의 마음이 이렇게 힘들었음을 알게 되어 많이 회개하셨다고 하셨다. 그리고 마지막으로 이렇게 말씀하셨다.

"은성아, 하나님께 맡기자. 그리고 기도하자. 힘내 보자."

엄마가 내게 할 수 있는 최고의 응원이었다. 지금의 엄마가 나에게 할 수 있는 최선의 응원임이 느껴졌다. 누가 손으로 마음을 쥐어짜는 것만 같이 아팠고, 죄송했다. 부모님께 또 어려움을 안겨 드린 것만 같아 마음이 무거웠다.

정화 씨는 며칠 동안 주위 사람들에게 상황을 전하며 중보 기도를 요청하다 울고 또 울기를 반복했다. 정화 씨의 모습을 보는데, 계속 울음이 차올랐다. 하지만 나는 참았다. 참아야만 했다. 병명을 진단받은 후로는 잠이 잘 안 와서 밤마다 아이들과 정화 씨를 재우고는 거실에 나와 앉아 있었다. 앉아 있으면 슬픔에 북받쳐 혼자서 몰래 숨죽여 많이 울었다. 하루는 아이들과 아내를 재우고 난 후 잠이 오지 않아 거실로 나가다 자고 있는 아내와 아이들의 모습을 뒤돌아보았다. 귀한 내 가족의 얼굴을 보자 아내와 아이들이 뇌종양에 걸리지 않은 것이 얼마나 감사한 일인가 하는 생각이 불현듯 들었다. 만약에 아내나 어린 내 자녀가 뇌종양에 걸렸다면 나는 앞으로 어떻게 살아갔을지 상상조차 가지 않았다. 아마 견디기 힘들어 사역도, 살아가는 것도 힘에 겨워 했을 것이다. 그렇게 생각이 드니 나에게 뇌종양이 온 것이 너무나 감사했다.

견딜 수 있는 나여서 괜찮았고, 나에게 아픔이 있는 것에 감사한 마음이 들었다. 며칠을 울며 중보 기도를 요청하는 정화 씨를 보면서, 그리고 소중한 두 아들이 평안히 잠든 모습을 보면서 나는 마음을 굳게 다잡았다. 더 이상은 약해지지 말자고 스스로 다짐했다. 다음 날, 여전히 몹시 힘들어하는 정화 씨와 우리의 상황에 대해 제대로 이야기를 해야 할 것 같았다. 솔직하게 물어보았다.

"혹시 내가 아픈 게 정화 씨 탓이라고 생각해요?"

정화 씨는 왈칵 눈물을 쏟으며 고개를 숙였다. 그리고는 그렇다고 대답했다.

"정화 씨 탓이 아닌 거 알잖아요. 그런데 왜 그렇게 생각해요."
"갑자기 그런 생각이 들었어요. 하나님은 내가 사랑하는 사람에게 왜 암을 주시지? 11년 전 엄마도 암으로 하나님 곁에 가셨는데, 이제는 남편이 뇌암에 걸리고. 내가 사랑하는 사람들에게 이런 일이 일어나는 게 아무래도 내 탓인 것 같아요."

정화 씨는 이 상황을 납득하기 위해서 정말 차라리 다 자신 탓이었으면 좋겠다고 생각을 했던 것 같다. 사랑하는 사람을 또 잃을지도 모른다는 슬픔에 많이 두려워하고 걱정하고 있었다.

"정화 씨, 나는 '지금껏 24년 동안 열심히 사역만 하면서 최선을 다해 찬양하며 하나님의 일을 하였는데 그런 내가 왜 이런 병에 걸려야 돼요? 왜 저예요?'라고 한 번도 생각한 적도, 또 하나님께 물어본 적도 없어요. 당연히 저도 걸릴 수 있는 거죠. 내가 좋지 않은 음식을 많이 먹어서, 해로운 환경에서 살아서, 뭐 여러 이유로 나에게 이런 병이 생긴 거겠죠. 나도 이번에 그동안 나의 삶을 돌아보며 하나님께 많이 회개했어요. 잘못이 있다면 이건 순전히 건강을 돌보지 않은 내 잘못이에요. 정화 씨 탓이 아니에요."

두려웠다. 그리고 서로 두려워했다. 앞으로 완전히 뒤바뀔 우리 삶의 모습을 예감하며 우리는 차마 서로의 두려움을 이야기하지 못했다. 앞으로 마주해야 할 무수한 산을 넘을 준비를 우리는 그날부터 시작했다. 두려움 속에서도 우리에게 희망을 선사해 주실 하나님의 은혜를 믿으며 한 걸음 한 걸음 조금씩 나아가기로 했다.

"혹여나 수술을 하게 돼서 기억을 잃더라도 반드시 당신과 우리 유화, 유별이는 기억해 낼 테니 지켜봐 줘요."

장애 확률 90%, 사망 확률 50%

김정화

별일 아닐 줄 알았던 남편의 두통이 뇌종양이라는 이야기를 듣고 그 자리에서 모든 마음이 부서졌다. 부서지다 못해 모든 것이 조각이 난 기분이었다. 정신이 아득해져 무슨 소리를 들었는지도 기억하기가 어려웠다.

엄마가 떠올랐다. 엄마의 긴 투병 시간을 가장 가까이에서 지켜봐 온 나로서는 안 좋은 결과부터 생각할 수밖에 없었다. 그래서 은성 씨에게 어서 다른 사람들에게 기도 부탁을 하자고 할 수밖에 없었다. 당사자가 더욱 힘들 걸 알기에 어떻게든 마음을 독하게 먹어 보려 했지만, 사람들에게 기도 요청을 하면서 자꾸 두려움이 튀어나와 눈물이 흘렀다. 그때 나는 정말 은성 씨의 아픔이 나 때문인 것만 같았다. 하나님은 왜 내가 사랑하는 사람을 자꾸 아프게 하시는 것인지 원망의 마음도 들었다.

남편은 이 상황을 담임목사님이신 김병삼 목사님과 김동호 목사님께만 말씀을 드렸었다. 김병삼 목사님은 매주 우리 부부를 위해 기도를 해 주셨다. 그리고 김동호 목사님께서는 기도를 해 주시며, 우리가 매우 걱정하고 있음을 느끼셨는지 한 말씀을 해 주셨다.

"걱정을 미리 당겨 대출받지 말자."

어떻게 될지 아무도 모르는 일이니, 걱정을 미리 당겨서 대출받듯 하지 말라고 말씀해 주셨다. 겉으로 최대한 표현하려 하지 않았지만, 어쩔 수 없이 티가 날 수밖에 없었다. 그리고 절대 그럴 일은 없을 거라고 생각하면서도, 자꾸 마지막을 떠올리며 스스로 준비를 하게 됐다. 내가 혼자 남았을 때 아이들을 어떻게 키워야 할지, 우리가 하고 있는 알리스타 커피 사업은 어떻게 해야 할지 머릿속으로 자꾸 계산하게 됐다. 은성 씨가 없음을 가정하고 스스로 마지막을 준비하는 내 모습을 볼 때마다 참 화가 나면서도 마음이 미어졌다. 그래도 나는 준비를 할 수밖에 없었다. 엄마가 암으로 투병했을 때가 자꾸 떠올랐다. 다시는 예고 없이 누군가를 보내고 싶지 않았다. 하나님께 나의 이런 모든 마음을 드리며 그리 아니하실지라도, 어떠한 결과가 나에게 주어지든 감사하자는 마음이 들기까지는 오랜 시간이 걸렸다.

여기서 또 하나님의 일하심을 발견하는 순간이 있다. 첫째 유화가 다니는 동네 소아과에서 벌어진 일이다. 유화의 감기로 진료를 받으며 이야기를 하던 도중, 은성 씨는 자신의 상황을 원장님께 이야기를 했다. 그러자 원장님은 이 병원이 삼성병원과 협력 병원이라며, 잠시 기다리라 하시더니 삼성병원에 전화를 걸어 뇌 신경과 권위자 교수님을 찾으시고는 가능한 한 가장 빠른 날로 예약을 잡아 주셨다. 삼성병원과 같은 3차병원(상급 종합병원)은 진단서 없이는 진료가 불가능해 진단서도 원장님이 써 주셨다. 아마 뇌종양 환자 중 소아과에서 진단서를 받아 3차병원 진료를 받은 사람은 은성 씨밖에 없을 것이다. 소아과 원장님은 은성 씨의 팬이셔서 처음 병원에 갔을 때부터 알아봐 주셨다. 그리고 앨범을 구해 우리가 병원에 올 때까지 기다리고 기다리다 은성 씨의 사인을 받기도 하신 분이다. 이 또한 어떻게 우연일 수 있을까. 모두 하나님의 계획하심이 있으셨다고 느꼈다. 그렇게 6일 후로 예약이 잡혀 삼성병원에 진료를 받으러 갔다. 사실 초진 예약까지 보통 3개월이 걸리는 걸 생각하면, 정말 은혜였다. 그리고 보통 초진 후 정밀검사를 받으려면 다시 3개월을 기다려야 하는데, 이번에 또 놀라운 일이 벌어졌다. 갑자기 당일 정밀 검사 자리 하나가 취소되어 초진 이후 바로 정밀검사까지 받을 수 있게 된 것이다. 정말 놀라움의 연속이었다. 정말 예상치 못한 하나님의 인도하심은 끝이 없었다. 하지만, 초진 결과는 이번에도 좋지 않았다. 전두엽 부위에 암세포들이 다발성으로 있다는 결과를 받았다. 위치가 좋지 않아 수술을 하게 될 경우 사망률이 50%, 장애를 얻을 확률이 90%라는 절망적인 결과를 들었다. 한쪽 귀가 안 들리게 되거나, 기억의 손상이 오거나, 몸을 움직이지 못하게 될 수도 있다고 했다. 수술을 해야 할지, 안 해도 될지에 대한 더 자세한 상태 결과는 2주 후에 나올 것이라는 이야기를 듣고 나는 결과가 나오기까지 하나님만을 붙들며 정말 어떻게든 하나님께서 은성 씨를 지켜 달라고 기도했다.

2주 뒤, 결과를 들으러 가는 날, 이상하게 마음이 편안했다. 참 놀라운 일이었다. 전날까지 불안하던 마음이 다 사라졌다. 은성 씨에게도 이상하게 마음이 편하다며 걱정이 안 된다고 말을 하자, 은성 씨는 또 우스갯소리로 남편이 수술하면 죽을 수도 있는데 좀 불편해야 하는 거 아니냐며 핀잔을 주었다. 이상하게 오늘 아침 기도를 하는데 편안했고, 이 마음이 드는 걸 보니 분명 하나님의 이유가 있을 것 같다고 당당하게 말했다. 그러자 은성 씨는 특유의 유쾌함으로 이렇게 말했다.

"나도 같은 마음이 드는 걸 보니 분명 이유가 있을 것 같아요. 그리고 혹여나 수술을 하게 돼서 기억을 잃더라도 반드시 당신과 우리 유화, 유별이는 기억해 낼 테니 지켜봐 줘요."

온타리오 나이아가라 폭포 근처, 세상에서 가장 작은 교회

참 유은성다웠다. 정말 놀라운 하나님의 역사가 우리에게 펼쳐질 줄은 꿈에도 상상 못 한 채 우리는 웃으며 병원으로 향했다.

무엇이 변하지 않아도 좋았다. 그저 나의 약함을 하나님께서 아시니 나의 모든 것을 들어 사용해 주시길 간절히 소망할 뿐이었다.

뇌종양임에 감사하다

유은성

최종 검진 결과를 듣기 위해 진료실로 들어가자 아주 재밌는 일이 벌어졌다. 2015년 우연히 찍었던 뇌 MRI 사진 한 장이 아주 새로운 결과를 만들어 냈다. 우선 2015년 뇌 MRI를 찍은 배경은 이렇다. 결혼을 하자마자 미국 애틀랜타에서 생활을 하다 한국에 들어온 해가 2015년이었다. 그해에 돌아오자마자 우리는 종합건강검진을 받았는데, 그때 내가 선택 검진 항목으로 뇌 MRI를 선택했다. 정말 단지 내 뇌가 어떻게 생겼을지 궁금해서 찍었던 거였다. 그런데, 그때도 사실 이상 소견이 나왔었다. 그런데 당시 담당의가 휴무여서 병원에서 MRI 결과물 CD를 나에게 주고 근처 다른 병원에서 소견을 들으라고 했었다. 그래서 집 근처 병원에 갔는데, 하필 그 병원 원장님이 나의 팬이었다. 참 감사한 일이었지만, 나를 만났다는 흥분에 MRI 판독을 제대로 안 하셨다. "이 정도면 피곤해서 나타날 수도 있는 거다. 지금 아픈 곳도 없다고 하니 이상 없다. 괜찮다"라고 하셔서 그냥 넘어갔다. 그리고 이번에 검진을 다시 받으며 그때 찍었던 것이 생각나 책장 깊숙한 곳에 보관되어 있던 CD를 찾아 제출했는데, 여기서 정말 재밌는 결과가 벌어졌다.

담당의 선생님은 2015년 한국에 들어오면서, 2022년 건강검진센터에서, 2023년 삼성병원에서 찍은 뇌 MRI를 번갈아 보셨다. 그리고는 말씀하셨다.

"2015년에도 뇌종양이 있었네요. 그런데 그때랑 지금이랑 형태가 좀 변했어요. 그런데 암이 형태가 변했다는 건 안 좋은 건데, 이게 돌연변이인 건지, 크기가 그때랑 지금이랑 변함이 없어요. 저등급 신경교종도 속도는 늦지만 자라긴 한단 말이죠. 그런데 지금 보면 형태는 변했는데, 자라질 않았어요."

정말 놀라운 이야기였다. 그리고 이어진 말이 더 놀라웠다.

"지금은… 음… 수술을 안 해도 될 것 같아요. 만약 조금 더 자라면 그때 합시다."

"아? 그럼 저 괜찮은 건가요?"

"아니요. 수술을 하시게 되면 심각합니다."

"아, 그런데 사실 제가 노래를 하는 사람이에요. 저 노래해도 되나요?"

"음… 뭐, 하셔도 될 것 같아요."

"아! 저 비행기도 많이 타는데 뇌압 이런거 괜찮을까요?"

"뭐, 괜찮을 것 같아요. 다르게 말고 그냥 평상시처럼 사시면 됩니다."

"와! 그럼 저 괜찮은 건가요?"

"아니요. 수술하게 되면 심각합니다."

안 괜찮다는 건지 아닌 건지 정말 요상한 대화였다. 그
래도 지금 안 해도 된다고 하니 정말 날아갈 듯이 기뻤고
감사했다. 뇌종양은 머리를 열어 뇌를 보아야 정확한 상황
을 알 수 있다고 했다. 만약 2015년에 발견했다면 곧장 머
리를 열어 수술을 했어야 했을 상황이라고 했다. 그런데 그
때 나의 팬이었던 원장님이 뇌종양을 잡아내지 못했고, 현
재 그 기록이 지금까지 뇌종양이 자라지 않음을 증명해 주
어 지금도 수술을 하지 않게 된 것이다. 정말 하나님의 놀
라운 계획은 어디서부터 시작이었는지 알 수가 없다. 정말

하나님께 감사했다. 내가 지금 아무리 심각한 상황이라 할지라도 당장 수술을 하지 않아서, 그리고 내가 찬양할 수 있음에 너무나 감사했다.

기쁜 마음으로 진료비를 수납하러 갔는데, 간호사분이 "C코드 환자시네요?"라고 말하셨다. 나는 무슨 말인지 몰라서 무슨 말씀이냐 물었는데 암 환자들은 C코드(Cancer Code, 암 코드)를 받는다고 말씀해 주셨다. 그런가 보다 하고, 계산을 하려 했는데 수납비가 1,100원이 나왔다. 알고 보니 암 환자들은 진료비의 95%를 나라에서 지원해 주어 5%만 결제를 하면 되는 거였다. 나는 이 사실도 이제 너무 감사해서 수납 창구에서 '감사합니다'를 몇 번이나 외쳤는지 모른다. 얼마나 기분이 좋았는지, 정화 씨에게 "와, C코드 정말 좋다. C코드가 이렇게 좋은 거라니, 나 이제 찬양도 C코드만 부를 거야. '하나님 아버지의 마음'도 C코드인데 정말 하나님은 이것도 계획하신 걸까?"라고 농담을 하며 집으로 돌아가는데, 갑자기 나와 정화 씨 핸드폰에서 연락이 쇄도하기 시작했다.

나와 정화 씨가 수납을 기다리면서 SNS에 올린 글 때문이었다. 하나님께 너무 감사한 마음을 표현하고자 현재 내 상황을 담아서 게시했더니 벌어진 일이었다. 전화로 이야기를 들어보니 갑자기 "김정화 남편, 뇌암으로 시한부 선고받아"와 같은 기사들이 나기 시작했다는 것이다. 감사함을 기록했는데, 곧 죽을 것처럼 기사가 나면서 연락이 몰아치기 시작했다. 그때 학부생 시절부터 친했던 목회자 친구에게 전화가 왔다. 이미 그 전부터 이 친구는 나의 상황을 알고 있었다. 친구는 곧장 본론으로 들어갔다.

"은성아, 너를 위해 우리가 힘을 모아서 기도하고 있어. 그런데 너는 너를 위해서 기도하고 있냐?"

친구는 친구다. 나를 너무 잘 알고 하는 질문이었다.

"아니, 나는 역시나 나를 위해서 기도가 안 되더라. 근데 지금은 그냥 다 감사해. 뇌종양이 아내나 아이들에게 가지 않아서 감사해. 나라서 내가 감당할 수 있을 거 같다."
"은성아, 사도 바울도 자신의 가시를 위해 세 번이나 기도했다는데, 너도 너를 위해 기도해. 사도 바울도 기도했다는데, 네가 안 하는 건 교만한 거야. 은성아, 나 네 찬양 오래 듣고 싶어."

친구와의 대화가 계속 머릿속에 남았다. 집에 돌아와 고린도후서 12장 9절 말씀을 보았다.

"나에게 이르시기를 내 은혜가 네게 족하도다 이는 내 능력이 약한 데서 온전하여짐이라 하신지라."

우리가 다 알고 있는 유명한 9절 전반절의 그 말씀이 와 닿진 않았다. 그런데 후반절을 보고 무너졌다.

"그러므로 도리어 크게 기뻐함으로 나의 여러 약한 것들에 대하여 자랑하리니 이는 그리스도의 능력이 내게 머물게 하려 함이라."

사도 바울은 자신의 가시를 고쳐 주시지 않은 하나님께 감사해했다. 하나님이 거절하심에 도리어 크게 기뻐하며 연약한 것들을 자랑한다는 사도 바울의 고백이 그렇게 행동하지 않는 내 모습을 비추어 보게 하였다. 나는 말씀 앞에 완전히 고꾸라졌다. 나도 이 연약함을 자랑할 수 있기를 간절히 하나님께 기도했다. 그리고 그때부터 나도 나를 위해 기도하기 시작했다. 무엇이 변하지 않아도 좋았다. 그저 나의 약함을 하나님께서 아시니 나의 모든 것을 들어 사용해 주시길 간절히 소망할 뿐이었다.

신혼 여행 뉴칼레도니아에서, 그리고 결혼 10주년 기념 캐나다 퀘백에서. 여전한 우리

아포가토, Affogato

하나님은 우리가 우리의 연약함을 하나님 앞에 내려놓고 나아갈 때, 이 연약함을 도구로 사용하신다.

나의 약함을 자랑하라

유은성

　　SNS 글 게시 이후 여러 기사가 나면서, 우리 부부에게 많은 간증 및 방송 출연 문의가 쏟아지기 시작했다. 정화 씨랑 나는 한참을 고민했다. 나의 경우 연예인이 아니기에 TV에 많이 노출되는 것이 좋을 것 같지 않았다. 더욱이 이미 언론 기사들이 내가 시한부 인생을 살고 있는 것처럼 보도하다 보니 더욱 여러 곳에 출연하기가 꺼려졌다. 그리하여 우리는 우리의 삶을 가장 잘 보여 줄 수 있는 프로그램을 딱 하나 선택하여 출연하기로 했다. 그것이 바로 SBS의 〈동상이몽 2: 너는 내 운명〉이었다.

　　대중 방송 프로그램에 출연을 결심하고 나니 많은 걱정이 쏟아지기 시작했다. 하나님이 아닌 우리에게만 관심이 집중이 될 것 같았다. 새벽마다 예배당에 나가 방송을 통해 우리 부부가 아닌 하나님과 십자가 복음이 드러나길 기도

했다. 유은성과 김정화의 모습은 십자가 뒤에 가려지고 하나님이 드러나시길, 어떤 결과로 이어지든 하나님이 드러나시기를 위해 기도했다. 사실 대중 방송은 종교적인 색채를 다 지우는 편이다. 하지만 나는 직업적으로 CCM 가수이기도 하고, 가족의 실제 모습을 보여 주는 것이다 보니 기독교의 색채가 뚝뚝 묻어날 수밖에 없다. 그렇게 방송을 촬영하는 동안 내가 발매했던 찬양, 가족이 함께 기도하는 모습, 선교사님이랑 통화하며 아그네스와 이야기하는 모습 등의 모습까지도 촬영 속에 다 담겼다. 촬영이 끝난 후 나와 정화 씨는 과연 얼마나 어떻게 나갈지 기대 반, 걱정 반의 마음으로 방송일을 기다렸다. 과거 다른 프로그램에서도 나에게 찬양을 요청해 다 부르고 촬영까지 했었는데, 통편집을 당했던 전적이 있기에 이번에도 그렇게 될 것을 예감하며 어떤 모습으로 나오든지 덤덤해지고자 했다.

우리 가정의 촬영 편집본이 완성되어, 마지막으로 정화 씨가 스튜디오 패널들과 함께 녹화를 하는 날이 되었다. 스튜디오 녹화는 우리 가정의 일상 촬영분을 패널들과 함께 보며 이야기를 나누는 것을 촬영하는 것이다. 그런데 그 스튜디오 촬영이 눈물 바다가 되고 말았다. 사실 마지막 녹화

직전 인터뷰 촬영에도 비슷한 일이 벌어졌었는데, 우리 두 사람의 인터뷰 녹화가 끝날 무렵부터 현장 PD님들과 작가님들 그리고 카메라 감독님들까지 모든 스태프가 눈물을 쏟은 것이다. 촬영을 마친 후 나는 담당 PD님께 아무래도 잘못 섭외를 하신 것 같아 미안하다고 말했다. 사실 예능이면 재미가 있어야 하는데 우리 가정 이야기엔 재미가 아니라 눈물만 있고, 프로그램 제목처럼 '동상이몽' 중 '이몽'(異夢)이 있어야 하는데, 우리 가정에 이몽은 없어서 프로그램 방향과 다른 것 같아서 어려움을 겪게 한 것 같아 미안하다고 사과를 했다. 내 사과를 들은 PD님은 절대 아니라고 손사래를 치며, 오히려 우리 부부가 용기를 내 주어 자신들이 고맙고, 우리 부부와 같은 가정의 이야기가 요즘의 사람들에게 필요하다고 격려와 응원을 해 주었다. 정화 씨는 스튜디오 촬영을 마치고 집에 돌아와 계속해서 신기하다고 말했다. 패널과 함께 시청한 촬영본에서 우리가 했던 하나님 이야기가 편집이 되지 않았다고 했다. 그 사실이 정말 신기했다. 하나님을 이야기하고, 함께 기도하는 부분이 모두 나왔다니. 하지만 스튜디오 녹화 부분에서도 다시 편집을 하여 방송에 송출되기에 아마도 대부분이 편집이 되어 나갈

아포가토 Affogato

것이 분명해 우리는 기대를 하진 않았다.

방영일을 앞둔 어느 날, 제작진에게 연락이 왔다. 방송사 사정으로 인해 방영일이 한 주 미뤄졌다는 연락이었다. 내부적으로 우리 부부 에피소드에 대해 논의가 필요하다고 했다. 역시 올 게 왔구나 싶었다. 알겠다는 대답과 함께 우리는 또 일주일을 더 기다렸다. 그리고 드디어 대망의 방영일 오후에 다시 제작진에게 연락이 왔다. 사실은 그동안 프로그램이 두 부부의 이야기를 반씩 나눠 방영을 했는데, 우리 가정의 에피소드를 통으로 내보내고자 내부 회의를 진행하다가 방영일을 늦추게 되었고, 최종적으로 한 회가 통으로 우리 가정의 이야기가 나가기로 결정이 되었으니 오늘 재밌게 시청해 달라는 연락이었다. 뭔가 느낌이 달랐다. 과연 우리 가정의 모습이 어떻게 나올지 걱정을 하며 우리는 방송을 시청했다.

정말 신기한 일이 벌어졌다. 방송 처음부터 내가 찬양사역자임이 나왔고, 나의 찬양을 가수 김준수가 부르는 장면, 그리고 하나님을 찬양하는 가사가 방송에 그대로 나왔다. 가족회의를 하며 기도하는 장면에서는 '하나님'으로 시작해서 '예수님'의 이름으로 기도하며 '아멘'으로 마치는 장면까지도 그대로 나왔다. 선교사님과 통화를 하는 장면까지 하나님이 드러나시는 장면이 모두 방영이 되었다. 이후 다음 화에는 아프리카 선교에 간 것까지 그대로 이야기가 방영되었다. 방송이 끝나고, 이게 진짜 현실이 맞나 싶어 하던 찰나, 우리 담임목사님이신 김병삼 목사님께서 전화를 주셨다. 사실 이전에 방송 출연을 주저할 때 목사님께서 선한 영향력이 있을 테니 잘하라고 격려해 주셨었는데, 이번 방송을 보고 너무 고맙다고 말씀해 주셨다.

"유 전도사, 너무 고마워. 너무 잘했어. 방송에서 하나님을 드러내 주어서 너무 고마워. 내가 목사로 설교 여러 편하는 것보다 유 전도사의 가정의 모습이 더욱 좋은 영향력을 세상에 전해 주었어. 정말 고마워."

목사님과의 전화를 마치고, 감사함이 몰려왔다. 정말 하나님이 드러나시는구나. 하나님이 이렇게 또 나의 아픔과 우리 가정을 사용하심에 너무나 감사했다. 이 마음이 들자 이제는 사람들의 반응이 궁금해졌다. 정화 씨는 댓글을 보지 말라고 말렸지만, 나는 용기를 내서 실시간 댓글을 확인해 보았다.

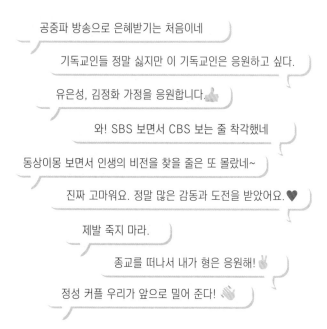

공중파 방송으로 은혜받기는 처음이네

기독교인들 정말 싫지만 이 기독교인은 응원하고 싶다.

유은성, 김정화 가정을 응원합니다. 👍🏻

와! SBS 보면서 CBS 보는 줄 착각했네

동상이몽 보면서 인생의 비전을 찾을 줄은 또 몰랐네~

진짜 고마워요. 정말 많은 감동과 도전을 받았어요. ♥

제발 죽지 마라.

종교를 떠나서 내가 형은 응원해! ✌🏻

정성 커플 우리가 앞으로 밀어 준다! 👏🏻

　사실 더 날것의 표현이지만 조금 순화를 해서 적어 보았다. 정말 좋은 댓글만 가득했다. 심지어 많은 분이 SNS에 방문해서 응원의 글을 남겨 주셨다. 하나님을 믿지 않는 사람들까지 나를 위해 기도하겠다고 댓글을 남겨 주셨다. 하나님은 또 우리의 기도를 들어주셨다. 방송을 통해 하나님이 드러나시길 기도했는데, 정말 그렇게 되었다. 불가능해 보이던 공중파 방송에서도 하나님이 나타나 주셨다. 정말 하나님은 알 수 없는 방법으로 일하신다. 아무래도 이게 정말 사람들이 말하는 '신의 한 수'임이 느껴졌다. '하나님의 한 수'가 여기에 있었다. 나의 연약함도 하나님의 은혜임을 자랑할 수 있게 하나님이 나를 사용해 주셨다.

돌이켜보면 사람은 모두 각자의 약함을 가지고 있다. 나에겐 뇌종양이라는 약함이 있지만, 사람들에겐 각각의 질병이든, 마음의 아픔이든, 물질의 부족이든 다 연약함이 있다. 하나님은 우리가 우리의 연약함을 하나님 앞에 내려놓고 나아갈 때, 이 연약함을 도구로 사용하신다. 우리 그리스도인들이 하나님 앞에 내려놓고 나아갈 때 펼쳐질 은혜가 얼마나 클지 기대되기 시작했다. 우리 가정의 모습을 통해, 나의 고난과 어려움이 하나님 나라를 완성하는 데에 조금이라도 유익이 되는 복음의 통로가 되고 싶다. 내가 필요한 그 자리에 앞으로도 나는 기꺼이 나갈 것이다.

나에게 치유의 기적은 일어나지
않았다. 하지만 하나님은 나에게
다른 기적을 주셨다.

기적은 일어나지 않았다

유은성

나에게 기적은 일어나지 않았다. 나는 지금도 시한부 인생을 살고 있다. 종양이 커지면 수술을 해야 하고, 수술을 하면 후유증이 생길 수도 있고, 결국엔 죽을지도 모른다. 그런데 정말 알 수 없고, 모르는 일이다. 내가 만약 건강하다고 해서 오래 살 수 있을지는 그 누구도 알 수 없다. 어쩌면 내가 관리를 철저하게 잘해서 우리 정화 씨보다 오래 이 세상을 살아갈 수도 있다. 나이가 어리면 평균적으로 사는 기간이 조금 더 많겠거니 예상할 뿐이고, 나이가 지긋해지면 마지막이 얼마 안 남았겠다고 예상할 뿐이다.

우리 모두가 시한부 인생이다. 그렇다면 중요한 것은 언제 죽느냐가 아니라, 어떻게 사느냐다. 우리는 어떻게 살아야 할까. 하나님은 과연 어떻게 살아갈 때 기뻐하실까? 내가 내린 답은 이것이다. 내 약함으로, 내 어려움과 슬픔으

아포가토 Affrogato

로 좌절하는 것이 아니라, 크게 기뻐하고 이로 인해서 하나님을 드러내고 자랑하는 것, 그리고 이것으로 하나님의 일에 사용되는 삶을 살아야 한다.

　나에게 치유의 기적은 일어나지 않았다. 하지만 하나님은 나에게 다른 기적을 주셨다. 바로 사랑하는 나의 아내, 그리고 나의 두 아들과 오늘 하루 가장 행복하고 가장 기뻐하고 가장 감사하면서 살 수 있는 이 하루를 주셨다. 이 기

—
나이아가라 폭포에서

적은 우리 모두에게 공평하게 주어진 삶의 기적이다. 우리가 지금 얼마나 죽음을 잊고 살고 있는지 돌아보아야 할 때다. 언제 죽을지 모른다. 나의 아픔과 고통을 통해 하나님은 이 사실을 알게 해 주셨다. 이것이 뜨겁고 씁쓸하지만, 이내 시원하고 달콤함이 찾아오는 아포가토와 같이 하나님이 내게 주신 은혜다.

아포가토, Affogato

—
비를 쫄딱 맞고 카페에서 몸을 말렸다

Outro.

테이크아웃 *Take Out*

당신의 삶에 커피 향보다 진한
숭고한 하나님의 은혜가 머물길 바랍니다

테이크아웃 Take Out.은 가지고 다니며 먹을 수 있도록 음식을 포장해서 판매하는 것 혹은 포장된 음식을 일컫는 말이다. 이제 포장과 배달은 바쁜 현대인의 삶에서 뗄 수가 없는 부분이 되었다. 하나님을 예배하는 우리는 이 시대에서 무엇을 가지고 돌아가 살아야 할까.

———

우리 부부의 이야기를 매듭지어야 할 순간이 왔다. 이제 책을 덮고 삶으로 돌아갈 시간이다. 우리 부부의 삶에 함께하셨던 하나님의 순간을 부끄럽지만 나누어 보았다. 여러분이 가져갈 만한 이야기가 있다면 꼭 챙겨서 삶의 현장으로 돌아가 주시길. 이제 우리는 여러분의 삶 속에 역사하신 하나님의 은혜가 너무나 궁금하다. 하나님이 함께하신 순간을 기꺼이 나누고 함께 기도하는 우리가 되기를 소망한다. 이제 마지막 이야기다.

과거 에스프레소와 같던 시절부터 지금까지 우리의 삶의 모습은 많이 변하였지만, 변하지 않은 것은 딱 한 가지다. 하나님이 우리와 함께하신다는 것이다.

커피와 같은 삶

유은성 • 김정화

커피는 다른 말로 '신이 주신 선물'이라고도 부른다. 커피가 선물인 이유는 커피 원두 하나로 다양한 맛과 향을 즐길 수 있기 때문도 있지만, 커피 원두를 수확하기 위해서 인간이 할 일이 별로 없기 때문이기도 하다. 커피가 잘 자라기 위해서는 높은 고지대와 뜨거운 햇볕이 필요하다. 그리고 적절하게 내리는 비만 있으면 된다. 사람이 인위적으로 환경을 조작하기도 어려운 작물이 커피다. 사람이 할 일은 그저 수확하는 일뿐이다. 정말 신의 선물이라는 별명과 너무나 어울린다.

그렇게 수확한 커피 열매는 어떻게 가공하고, 어떻게 사용하느냐에 따라 그 쓰임과 맛이 천차만별로 달라진다. 나는 이러한 커피가 사람과 닮았다고 생각한다. 사람은 선물과 같은 존재다. 그리고 하나님의 인도하심에 따라 무수한 갈래의 방향으로 나아가게 된다. 로스팅에 따라 변화하는 향과 맛처럼 말이다. 상큼한 과일 향을 품은 원두가 될 것인지, 깊고 풍부한 구수함을 지닌 원두가 될 것인지, 한여름의 무더위를 가시게 하는 시원한 아이스 아메리카노가 될 것인지, 한겨울 포근하고 달콤하게 추위를 녹이는 캐러멜 마키아토가 될 것인지는 하나님의 손에 달려 있다. '나'라는 원두를 하나님의 손에 맡겨 하나님의 지시에 따라 로스팅되어 살고 싶다.

언제 죽느냐, 어떻게 죽느냐가 중요한 게 아니라는 것을 이제 알았다. 어떻게 살까를 삶의 화두로 두고 하나님과 함께 나아가기로 했으니, 앞으로도 쭉 커피처럼 여러 가지 맛을 낼 수 있는 향기로운 삶을 살고 싶다. 하나님은 정말 놀랍게 일하신다. 따로 볼 때는 도무지 알 수 없는 작은 점들이 결국에 하나로 이어져 지금이 되었다. 이제 와 돌이켜보니 모든 것이 하나님의 계획이었음을 보게 된다.

과거 에스프레소와 같던 시절부터 지금까지 우리의 삶의 모습은 많이 변하였지만, 변하지 않은 것은 딱 한 가지 있다. 하나님이 우리와 함께하신다는 것이다. 뇌종양이라는 어려움이 지금 우리 가정 안에 있지만, 우리는 이 역시도 하나님과 함께하며 주어진 사명에 최선을 다할 것이다. 기가 막힌 하나님의 한 수가 우리를 기다리고 있음을 알기에 그 무엇도 두렵지가 않다. 우리의 눈물과 기도를 아시는 하나님이 또 어떠한 놀라운 은혜로 두 팔 벌려 기다려 주실지 너무나 기대가 된다.

"여호와는 나의 목자시니 내게 부족함이 없으리로다."

시편 23편 1절의 말씀은 우리 가정을 지탱하는 말씀이다. 많은 사람이 예수님을 믿으면 부자가 되고 축복받고 건강하고 잘될 거라고 생각하지만, 성경을 자세히 들여다보면 하나님은 우리에게 고난 없이 축복만 주시지 않는다는 것을 쉽게 알 수 있다. 오히려 하나님은 어려움 가운데 이겨 낼 힘을 주시고, 고난 속에서도 혼자 내버려두지 않고 함께하시는 분이다. 우리 가정에도 수많은 어려움과 우여곡절이 많았다. 그때마다 우리를 응원하시며 동행하시는 하나님 때문에 우리는 지금도 이렇게 고백한다.

"여호와는 나의 목자시니 내게 부족함이 없으리로다."

가정을 이루기 전부터 가정을 이룬 현재의 모습이 되기까지 함께하신 하나님의 은혜를 나누고 싶었다. 하나님의 인도하심으로 함께하게 된 우리 두 사람의 이야기가 어떻게 가닿아 독자분들을 만나게 될지 궁금하기만 하다. 이제 이야기를 마무리하고자 한다. 여러분의 삶 속에 거하실 하나님의 은혜를 기대하고 사모한다. 그리고 여러분의 삶의 은혜를 많은 이웃과 나눠 주기를 진심으로 소망한다. 커피처럼 깊고 풍부한 은혜의 향기가 내가 있는 이곳까지 은은하게 퍼져 오기를.

그리스도인으로 살아가는 우리의 모습이 어떠한지 돌아보아야 할 시간이다.

소지섭과 김정화

유은성

유명한 배우 소지섭 씨는 우리 부부와 인연이 깊다. 우선 나로 말하자면 소지섭 씨와 고등학교 동문으로, 내가 한 학년 선배다. 그리고 정화 씨와는 광고 모델로 함께하여 친분이 있는 사이다. 간혹 친구들에게 내가 소지섭과 연이 좀 있다고 말하면, 친구들은 아주 놀란 눈으로 어떻게 아냐, 정화 씨를 통해서 아는 것이냐, 실제로는 어떻냐고 묻기 시작한다. 그럼 나는 웃으며, 키도 크고, 어깨도 넓고, 조용한데 성품도 아주 좋다고 말한다. 그러면 다들 박수를 치며 역시 그럴 줄 알았다며, 한번 만나게 해 달라, 지금 전화 좀 해 봐라, 사인이라도 받아 달라고 아주 성화다.

나는 소지섭 씨를 너무나 잘 안다. 하지만 소지섭 씨는 나를 전혀 모른다. 사실 내가 아는 소지섭은 그냥 모든 사람이 알 수 있는 그런 정보들일 뿐이고, 나는 그냥 그걸 매우 잘 알고 있는 것이다. 그렇다고 내가 소지섭 씨를 잘 안다고 해서 소지섭 씨와 절친일 수는 없다. 그냥 내가 아는 연예인일 뿐이다. 지인도 아닌 아는 사람이다. 소지섭 씨는 정화 씨와 아는 사이고, 결혼 소식을 알고 있으니 어쩌면 동료 배우의 남편 정도로 알고 있을 수도 있다.

사실 내가 하고 싶은 이야기는 이것이다. 많은 사람이 하나님을 이처럼 알고 있다. 그냥 하나님에 대한 이야기나 책, 자료를 온갖 곳에서 얻어 알고 있지만, 사실은 내가 소지섭 씨를 아는 정도로 하나님을 알고 있을 뿐이다. "나는 하나님 잘 알아. 잘 아는데, 그래서 교회에 안 나가"라고 이야기하는 사람이 많다.

반면, 나는 김정화라는 배우는 아주 잘 안다. 나의 가장 가까운 곳에 있고, 함께 생활도 하고, 매번 함께 대화를 하며 인생을 같이 살아가며, 서로 진심으로 사랑하는 관계다. 우리는 절친을 넘은 아주 깊은 관계다. 하나님과의 관계도 이래야 하지 않을까? 그리스도인으로 살아가는 우리의 모습은 어떠한지 돌아보아야 한다. 그냥 멀리서 하나님을 아는 그 정도의 사이로 살아가고 있는지, 하나님께 사랑을 표현하고 사랑의 음성을 듣고, 함께하는 관계로 살아가고 있는지를 돌아보았으면 좋겠다.

커피 마실래요? 결혼할래요?

초판 1쇄 발행일 2023년 12월 11일

지은이 유은성 김정화

발행인   김은호
편집인   주경훈
책임 편집 박선규
편집   김나예 권수민 이민경 문은향
디자인   황예나

발행처 도서출판 꿈미
등록 제2014-000035호.(2014년 7월 18일)
주소 서울시 강동구 양재대로81길 39, 202호
전화 070-4352-4143, 02-6413-4896
팩스 02-470-1397
홈페이지 http://www.coommi.org
쇼핑몰 http://www.coommimall.com
메일 book@coommimall.com
인스타그램 @coommi_books

ISBN 979-11-93465-10-3 03230

도서출판 꿈미는 가정과 교회가 연합하여 다음세대를 일으키는 대안적 크리스천 교육기관인
사단법인 꿈이 있는 미래의 사역을 돕기 위해 월간지와 교재, 각종 도서를 출간합니다.